Contraste insuffisant
NF Z 43-120-14

Illisibilité partielle

VALABLE POUR TOUT OU PARTIE DU
DOCUMENT REPRODUIT.

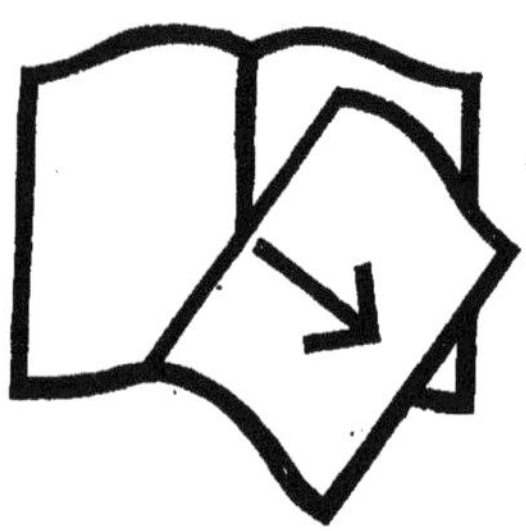

Couverture inférieure manquante

L'ABBAYE DU BEC

AU XVIIIe SIÈCLE

ÉTUDE HISTORIQUE & ARCHÉOLOGIQUE

PAR

M. L'ABBÉ PORÉE

CURÉ DE BOURNAINVILLE

INSPECTEUR DE LA SOCIÉTÉ FRANÇAISE D'ARCHÉOLOGIE

TOURS

IMPRIMERIE PAUL BOUSREZ

5, RUE DE LUCÉ, TOURS

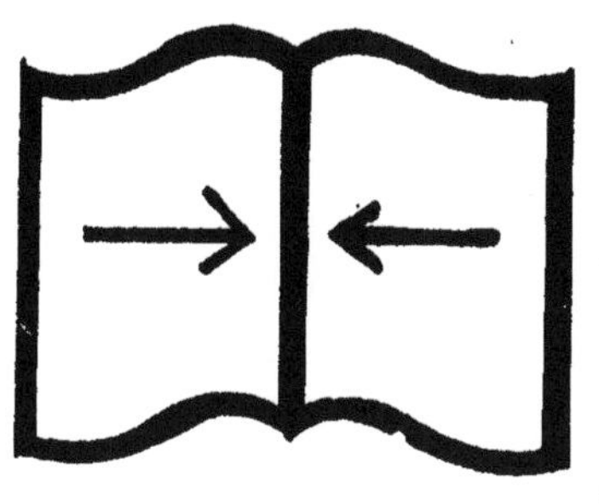

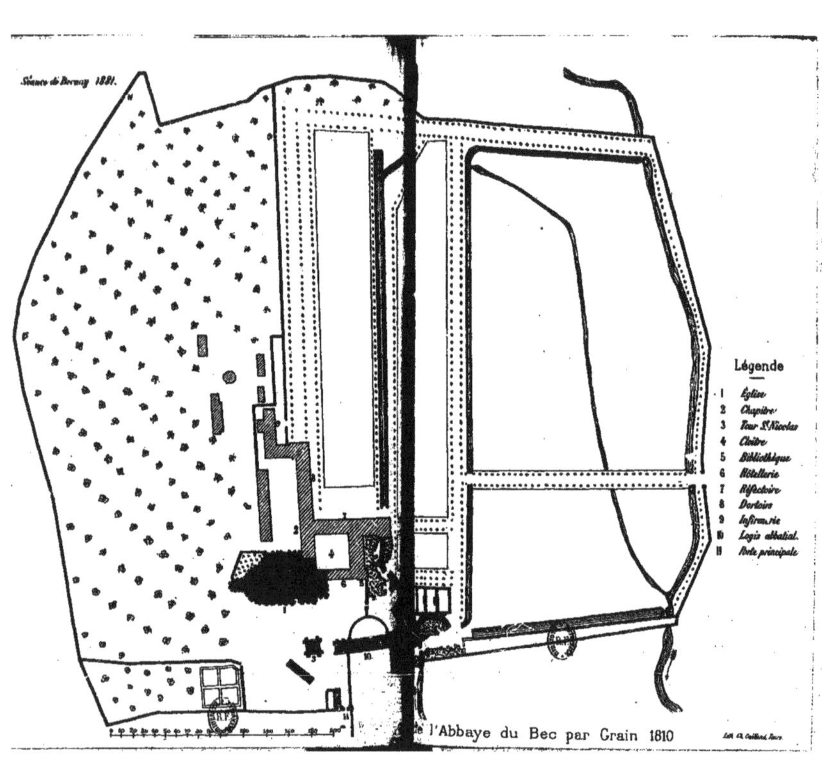
Séance de Bernay 1881.
Légende
1 Église
2 Chapitre
3 Tour St Nicolas
4 Cloître
5 Bibliothèque
6 Hôtellerie
7 Réfectoire
8 Dortoir
9 Infirmerie
10 Logis abbatial.
11 Porte principale
de l'Abbaye du Bec par Grain 1810

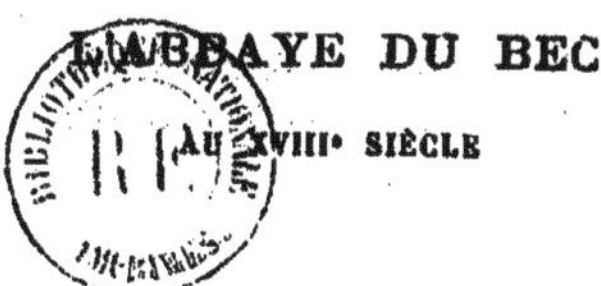

L'ABBAYE DU BEC

AU XVIIIe SIÈCLE

Extrait des comptes rendus du Congrès tenu à Vannes
par la Société française d'Archéologie, en juin 1881.

L'ABBAYE DU BEC

AU XVIIIe SIÈCLE

ÉTUDE HISTORIQUE & ARCHÉOLOGIQUE

PAR

M. L'ABBÉ PORÉE

CURÉ DE FOURNAINVILLE

INSPECTEUR DE LA SOCIÉTÉ FRANÇAISE D'ARCHÉOLOGIE

TOURS

IMPRIMERIE PAUL BOUSREZ

5, RUE DE LUCÉ, TOURS

L'ABBAYE DU BEC

AU XVIIIe SIÈCLE

Les ordres religieux ont, comme les peuples, leur âge héroïque, période de jeunesse et d'épanouissement où la science et la sainteté brillent d'un éclat extraordinaire. Cet âge, pour les anciens ordres, peut se placer au XIIe et au XIIIe siècle, de saint Bernard et de Suger à saint Dominique et à saint François d'Assise. Il y eut cependant en France de grandes abbayes dont la célébrité n'attendit pas pour éclater que ces siècles fussent nés. Au premier rang de ces monastères d'élite il faut placer le Bec, qui parvint à son apogée au siècle même de sa fondation. En effet, la renommée qui environne à cette époque le monastère d'Herluin est incomparable. Son école est la plus fameuse de l'Occident. On accourt de Flandre, d'Allemagne, de Gascogne, d'Italie, pour suivre les doctes enseignements qu'y donnent Lanfranc et saint Anselme. Le mont Saint-Michel, Saint-Evroult, Saint-Wandrille, Jumièges, Bernay, lui demandent des abbés; Chartres, Rochester, Cantorbéry, Rouen, des pontifes; les rois d'Angleterre y viennent chercher des conseillers d'une sagesse éprouvée; Rome voit s'asseoir sur le trône apostolique un élève de l'école du Bec, et l'Église placera au rang de ses saints et de ses docteurs le moine archevêque Anselme dont le nom est l'immortel honneur de cette abbaye où il vécut trente-deux années.

Mais cette gloire s'éclipse peu à peu. Les reconstructions successives de l'église, des donations de pieux seigneurs, quelques visites de princes et de rois, les pillages causés par les guerres : voilà les faits notables qu'enregistre la Chronique. Cette histoire intime ne manque certes pas d'intérêt, mais on ne voit plus de trace de l'influence puissante qui se faisait autrefois sentir dans l'Église et dans l'État. Une sorte de silence règne autour du grand monastère normand qui n'est plus, comme tant d'autres du reste, qu'une maison de travail et de prière, dont le nom est rarement mêlé aux grands événements de l'histoire.

Au XVIIe siècle, la vie monastique reprend une nouvelle vigueur ; c'est une période brillante qui tranche sur le fond un peu terne des siècles précédents. On dirait que l'antique abbaye a voulu, dans un suprême effort, montrer par le rajeunissement de ses constructions et les splendeurs du culte liturgique, qu'une sève généreuse circulait encore dans les rameaux du vieil arbre que la Révolution allait abattre un siècle plus tard.

Il nous a semblé que ce serait justice de rappeler cette seconde carrière dignement fournie par les religieux, en racontant ce que fut leur abbaye au milieu du XVIIIe siècle. Celui qui visitait l'abbaye du Bec vers 1750 se trouvait en présence tout à la fois d'un édifice splendide et d'une institution puissante. Avec nos idées d'aujourd'hui, nous avons peine à nous figurer ce qu'était une abbaye dans la double organisation spirituelle et temporelle. S'appuyant sur une autorité encore respectée, fort d'une expérience séculaire, possesseur de biens immenses administrés avec sagesse (1), le monastère était l'une des institutions le mieux ordonnées de l'ancien régime, et il avait fallu l'introduction du système des commendes pour infiltrer dans ce corps robuste le poison qui devait aider à sa dissolution.

L'abbaye du Bec était un exemple frappant de cet ordre de choses (2). Fondée par Herluin en 1034, trois fois reconstruite du vivant même de son fondateur, dévorée par un incendie en 1263, saccagée comme une place de guerre durant les invasions anglaises, pillée par les huguenots, elle avait survécu à ces épreuves sans nombre, toujours relevée de ses ruines par l'énergique persévérance et la sage administration de ses abbés, et la réforme de Saint-Maur, introduite dans son sein en 1626, lui avait redonné une vigueur nouvelle qui rappelait la glorieuse époque de Lanfranc et de saint Anselme ; de telle sorte qu'au XVIIIe siècle l'abbaye était arrivée au point culminant de cette période de renais-

(1) « Quand on parcourait l'ancienne France, la belle culture indiquait partout la propriété ecclésiastique. » Ch. Lenormand, *Des Associations religieuses dans le catholicisme.*

« Qui ne sait que les meilleurs bois, les moissons les plus riches, les vins précieux proviennent encore aujourd'hui des terres dont les moines ont été dépossédés ? » — Viollet-le-Duc. *Dict. raisonn. d'Arch.*, tom. I, p. 256.

(2) L'abbaye du Bec, jadis chef d'ordre, avait possédé en France quatre baronnies, dix-huit prieurés, seize chapelles ; cent soixante paroisses relevaient de l'abbaye, qui avait droit de patronage, de dîme et de seigneurie dans la plupart d'entre elles. Jusqu'au schisme de Henri VIII, elle garda sous sa direction un certain nombre de prieurés en Angleterre. Cf. D. Bourget, édit. anglaise, p. 122.

sance. C'est cette époque que nous choisissons pour l'étudier successivement dans ses constructions imposantes et dans son organisation intérieure.

§ I.

ÉGLISE ABBATIALE

Après la disparition complète des beautés architecturales de l'église du Bec (1), il est difficile de redire ce que furent ces constructions tant admirées des contemporains. Nous ne connaissons que deux vues de l'église, l'une publiée dans le *Monasticon Gallicanum*, gravée en 1677, l'autre dans l'édition anglaise de l'Histoire de l'abbaye du Bec de D. Bourget, qui parut en 1779 (2). Thomas Corneille, D. Beaunier, D. Bourget, D. Toussaint Duplessis, Ducarel, nous ont laissé de précieux détails sur l'église et son mobilier (3). C'est d'après ces

(1) La démolition de l'église, autorisée par décret impérial, eut lieu de 1809 à 1811.

(2) *Monasticon Gallicanum*, édition Peigné-Delacourt. Paris, Palmé, 1871, 2 vol. petit in-folio. — *The History of the royal abbey of Bec, near Rouen in Normandy:* by Dom. John Bourget. London, Nichols, 1779, in-8, avec 2 planches. — Le tome XII (1841) des *Mém. de la Soc. des Antiq. de Normandie*, p. 366-404, contient une traduction assez médiocre de l'ouvrage de Dom Bourget.

(3) Th. Corneille. *Dictionnaire universel, géographique et historique.* Paris, J.-B. Coignard, 1708, 3 vol. in-fol.— Dom Beaunier. *Recueil des archevêchés, évêchés, abbayes et prieurés de France.* Paris, 1726, 2 vol. in-4. — Duplessis (Dom Toussaint). *Description géographique et historique de la haute Normandie.* Paris,

documents et quelques pièces des archives départementales, que nous essayons de reconstituer l'église telle qu'elle était au siècle dernier. Mais auparavant, il n'est pas inutile de dire un mot de ses reconstructions successives.

Cette église était la sixième qui avait été bâtie depuis la fondation. On sait que Herluin avait successivement transféré son monastère naissant de Bonneville, à l'extrémité du vallon du Bec près Pont-Autou, puis à l'endroit où nous le voyons encore aujourd'hui (1). La troisième église, consacrée le 23 octobre 1077 par Lanfranc devenu archevêque de Cantorbéry (2), fut sans doute jugée trop petite, car le 14 août 1161, l'évêque d'Évreux, Rotrou, posait solennellement la première pierre d'une quatrième église, qu'il dédia le 19 mars 1178 (3). En 1197, une partie de l'édifice s'écroula, et l'abbé Richard de Saint-Léger entreprit de le reconstruire une cinquième fois. Il en posa la première pierre le premier lundi de carême 1215, et confia la direction des travaux d'abord à Enguerran, maître de l'œuvre de la cathédrale de Rouen, puis à Gautier de Meulan. En 1217, la nef, le grand portail et ses deux tours avec leurs flèches étaient terminées (4). Quarante-six ans

P. François Giffard, 1740, 2 vol. in-4, avec 2 cartes. — Ducarel. *Antiquités anglo-normandes*, trad. de l'anglais par A.-L. Léchaudé d'Anisy. Caen, Mancel, 1823-25, gr. in-8, 42 planches.

(1) *Chronicon Beccense, ad calc. Oper. Lanfranci*, publié par d'Achery. Édit. Migne, col. 639 et suiv.

(2) *Id.*, col. 646.

(3) *Id.*, col. 657.

(4) Anno Domini millesimo ducentesimo decimo quarto . . . . cœpit idem Richardus renovare et reædificare ecclesiam prædicti loci, quæ tempore Walterii, ejusdem loci abbatis, pro magna parte corruerat. Igitur jactis in altum fundamentis, ipse mani-

plus tard, le 14 mai 1263, un terrible incendie ruina une grande partie de l'œuvre d'Enguerran et de Gautier (1). Pour comble de malheur, ce que l'incendie avait épargné s'écroulait le 15 février 1274 par la chute de la grande tour centrale. Une sorte de fatalité semblait s'acharner à détruire ce qui se bâtissait dans l'abbaye ; et il faut admirer l'énergique persévérance des moines qui ne se lassèrent pas de relever des ruines que d'autres eussent jugées irréparables. Ils se mirent à reconstruire une nouvelle église ; c'était la sixième. L'abbé Pierre de la Cambe fit déraser les murs écroulés et posa, en 1275, la première pierre de la nouvelle basilique. La reconstruction comprenait l'abside, le chœur,

bus suis primum lapidem, circumstante conventu suo, super fundamentum posuit, prima die lunæ quadragesimæ, procurante et cooperante Ingelramno magistro operis Beatæ Mariæ Rothomagensis, cujus consilio se commisit ad illud opus inchoandum et procurandum. Item vero Ingelramnus viriliter agens opus inceptum primo anno cum magna virtute ædificavit, et frontem ecclesiæ et navem ecclesiæ in longitudinem auxit, et duabus amplissimis turribus mirifice adornavit. Peracto autem anno et semi, retraxit se aliquantulum, opus retardando, et non, ut promiserat, perficiendo. Quo viso et comperto, abbas sapienti usus consilio, jam anno et octo mensibus expletis, amoto Ingelramno, foro facto tradidit illud opus ad perficiendum magistro Walterio de Meliento, qui tertio anno adduxit et exaltavit prædictum opus in tantum, quod novum opus æquavit veteri, simul cum turribus et eorum ciboriis. Coopertorium presbyterii et turrim sancti Nicolai plumbo ex toto renovavit. Super corpus ecclesiæ novam tecturam posuit, tam super opus antiquum quam novum, et tegula plumbea cooperuit. (*Chron. Beccense*, col. 659.)

(1) *Id.*, col. 661, 1263-1264. — « Permission accordée à l'abbaye du Bec par Louis, roy de France, de prendre du bois dans la forest de Beaumont, pour faire refaire le monastère. » Inventaire du Bec. Cinq cents Colbert, p. 28.

le sanctuaire et le transsept avec quatre énormes piliers destinés à supporter une tour centrale qui ne fut jamais élevée. On avait pu conserver la majeure partie de la nef (1). Sous l'abbé Ymer, l'œuvre fut confiée à un maître maçon nommé Robert de la Fontaine, qui en poussa la construction jusqu'à la couverture (2). Terminée vers 1325 (3), l'église ne fut dédiée que le 15 septembre 1345, sous l'invocation de Notre-Dame et de tous les saints, par Jean V évêque d'Avranches (4).

Elle demeura ainsi dans son intégrité jusqu'à l'année 1501, où la nef déjà ébranlée par l'ouragan du 13 janvier 1551, s'écroula presque entièrement (5). Elle ne fut point relevée. Il eût fallu pour une telle entreprise le dévouement d'un abbé régulier attaché corps et âme à

(1) In crastinum Cinerum, decimo quinto kalendas martii, prædicto anno qui est ab Incarnatione Domini millesimus ducentesimus septuagesimus tertius, turris maxima Becci corruit, et ecclesiam fere consumpsit et conquassavit; et plus ponderatum fuit damnum hujus consumptionis quam damnum combustionis, quia totum presbyterium in circuitu oportuit radicitus avellere usque ad fundamenta. Qui prædictus abbas cœpit augmentare ecclesiam, incœpit crucem ecclesiæ et chorum, et locavit quatuor pillaria maxima per quadrum in cruce ecclesiæ ad aliam turrim superædificandam. *(Chron. Beccense, col. 662.)*

(2) Hic (Ymerius), in tempore suo, cum studio, diligentia et sagacitate institit operi et ædificationi fabricæ novæ ecclesiæ, quæ post ruinam incœpta fuerat tempore Petri abbatis prædecessoris sui, et locavit prædictum opus cuidam latomo magistro Roberto de Fonte nomine, ad construendum opus prædictum usque ad tecturam, ut patet per litteras ipsius latomi. *(Chron. Beccens., col. 665.)*

(3) *Description géographique et historique de la Haute-Normandie*. Paris, 1740, t. II, p. 279.

(4) *Chron. Becc.*, col. 669.

(5) *Gallia Christ.*, édit. Palmé, t. XI, col. 221.

son monastère, et il n'y avait plus qu'un abbé commendataire, plus occupé à percevoir ses revenus qu'à travailler à la gloire de son abbaye.

En 1640, on rasa ce qui restait du grand portail occidental, et à l'entrée des deux travées de la nef encore subsistantes on éleva une façade à la moderne, achevée vers 1643, et que Thomas Corneille trouvait « d'une ordonnance d'architecture assez propre » (1).

Il n'y a plus à signaler, comme travaux exécutés à l'extérieur de l'église, que la réparation commencée en 1690, des arcs-boutants, pinacles et balustrades qui tombaient en ruine. Cette restauration, faite aux dépens de la communauté, coûta plus de 5000 livres (2).

L'église du Bec avait la forme d'une croix latine et rappelait, dit Aug. Le Prévost, qui avait pu voir l'édifice dans son intégrité, par l'élévation de ses voûtes, l'élégance de ses lignes architecturales et la richesse de

(1) *Dictionnaire universel, géographique et historique.* Paris, 1708, tom. I, p. 315. En 1700, cette façade, qui s'était écartée de son aplomb de plus d'un pied, fut retenue par de gros chaînages de fer enclavés dans les piliers du transsept; on répara en même temps les voûtes de la nef qui menaçaient ruine.

(2) *Mémoires pour servir à l'histoire de l'abbaye du Bec.* Ces Mémoires, dont il existe des copies assez nombreuses, furent composés vers le milieu du xviiie siècle, par un religieux de la congrégation de Saint-Maur en résidence au Bec, et sont peut-être ceux que Toussaint Duplessis a cités sous le nom de *Mémoires de l'abbaye du Bec.* L'auteur de ce travail a pris pour base la *Chronique du Bec*, qu'il a traduite en l'abrégeant. Sa continuation est d'une grande exactitude; elle contient le sommaire des principaux événements survenus depuis l'introduction de la réforme de Saint-Maur jusqu'en 1754. La copie de ces *Mémoires* que nous citerons souvent, avait été revue et augmentée en 1852 par M. l'abbé Caresme de savante mémoire.

son ornementation, la magnifique basilique de Saint-Ouen de Rouen.

De la nef construite par Enguerran et Gautier de Meulan, il ne restait plus, comme on sait, que deux travées avec leurs nefs collatérales.

Le transept commencé en même temps que le chœur, en 1275, par l'abbé Pierre de la Cambe, s'adossait au Chapitre par son extrémité méridionale; une arcature ogivale très élancée ornait la muraille du fond (1). Le croisillon nord, dépourvu de porte, prenait jour par une immense fenêtre. Il faut noter en passant cette fenêtre occupant la place d'une rose; cette disposition essentiellement normande se retrouve à Bayeux, à Coutances et dans un grand nombre d'églises en Angleterre. Deux petites tourelles de pierre donnaient, de chaque côté de la façade, accès dans les combles. La tour centrale, qu'attendaient les quatre gros piliers du transept, n'avait jamais été construite, on ne voyait qu'un campanile de charpente qui renfermait la petite sonnerie.

Le chœur, plus élevé que la nef, était fort remarquable. Une série de contre-forts et d'arcs-boutants doubles, surmontés d'élégants pinacles, butaient les hautes voûtes. Les fenêtres du clerestory étaient accompagnées de gâbles très élevés et ornés de crossettes sur leurs rampants. C'était là une disposition fort originale, assez rare en Normandie, car on n'en voit de semblables qu'à la chapelle absidale de Notre-Dame de Rouen; mais on peut voir à la Sainte-Chapelle de Paris, à Saint-Urbain de Troyes, au chœur d'Amiens et de

(1) Cette arcature, de grandes proportions, se voit encore sur le mur de l'escalier du dortoir.

Cologne, combien ce mode d'ornementation couronne heureusement les longues murailles d'une cathédrale. Le rond-point de l'abside à sept pans était environné de chapelles; celle de la Vierge était plus grande que les autres (1).

L'aspect intérieur était d'une grandeur imposante, car le chœur, l'un des plus vastes du royaume, dit Thomas Corneille (2), était supporté par vingt piliers. La longueur totale de l'édifice était d'environ 90m; avant la chute de la nef elle devait dépasser 130m; la longueur seule du chœur était de 37m et la largeur de 12m; la hauteur sous voûte de 30m (3). Le transsept avait 38m de long. Au-dessus des grands arcs du chœur régnait un triforium peu élevé (4), surmonté lui-même des hautes fenêtres où étincelaient les verrières que Geoffroy d'Epaignes avait fait placer vers 1460 (5). Ces vitraux devaient être analogues à ceux que l'on voit à Saint-Ouen de Rouen et qui figurent des saints et des abbés (6).

Au-dessus des piliers du chœur étaient adossées seize

(1) « Le rond-point qui est à sept pans et très bien éclairé, a toutes ses proportions; on croit qu'il ne s'en trouve guères d'aussi beaux. » *Description de la Haute-Normandie*, tom. II, page 280.

(2) *Dict. universel*, tom. I, p. 315.

(3) *Description de la Haute-Normandie*, tom. II, p. 281.

(4) « En dedans, il y a une petite galerie tout à l'entour, au-dessous des grands vitraux. » *Dictionnaire universel de Th. Corneille*, tom. I, p. 315.

(5) *Chron. Beccens.*, col. 684.

(6) On ignore ce que sont devenus les vitraux du Bec. Ils avaient été descendus par panneaux au moment de la Révolution, et, en 1810, ils étaient encore déposés dans l'une des salles de l'abbaye. (Arch. de l'Eure. — Domaines nationaux.)

grandes statues de pierre, rehaussées d'or et de couleurs et représentant les apôtres et les évangélistes. Jehan Sandrin, de Rouen, qui les exécuta en 1433, reçut de l'abbé Thomas Frique 96 livres tournois pour son travail (1). Comme il restait encore quatre piliers inoccupés, l'abbé Geoffroy d'Epaignes y fit placer quatre autres statues de pierre figurants les grands docteurs de l'Église latine (2).

Dans l'ancien mobilier liturgique qui existait encore au XVIIIe siècle, il faut citer un aigle ou lutrin (3) et une grande statue de Moïse tenant les tables de la loi, qui servait à la lecture de l'épitre et des leçons. Ces œuvres remarquables, de cuivre fondu et ciselé, avaient été exécutées à Paris, vers 1465, par ordre de Geoffroy d'Epaignes (4).

Jusqu'en 1683, l'église paraît avoir conservé son ancien autel gothique, que l'abbé Guillaume Guérin avait orné d'un retable doré représentant diverses scènes

(1) Nota quod anno Domini millesimo quadringentesimo trigesimo tertio, Joannes Sandrin pictor apud Rothomagum commorans, recepit a supradicto domino Thome, abbate Beccensi, summam nonaginta sex librarum Turonensium, ob causam materiarum, picturarum et sexdecim magnarum imaginum lapidearum stantium in choro nostræ ecclesiæ Beccensis, ut patet per ejus quictantiam in armario chartularii de litteris electionum. (*Chron. Beccens.*, col. 683.)

Ces statues sont maintenant dans l'église Sainte-Croix de Bernay, sauf une qui est à Saint-Martin de Brionne.

(2) *Chron. Beccens.*, col. 684 et 768. Trois de ces statues sont dans le chœur de l'église de Brionne, avec l'une des seize statues de Jehan Sandrin que l'on a transformée en saint Jérôme.

(3) « Le lutrin est d'un dessin singulier, fort grand, et mérite qu'on l'examine en détail... » *Dict. universel*, tom. I, p. 315.

(4) *Chron. Beccens.*, col. 684 et 748.

de la Passion. Aux quatre angles se dressaient des colonnes de cuivre surmontées d'anges (1) ; elles servaient à suspendre les voiles ou courtines dont on entourait l'autel, usage qui se conserva dans quelques églises jusqu'au XVIIIe siècle (2).

Mais les derniers vestiges de l'ornementation gothique allaient bientôt disparaître pour faire place à des autels, des grilles, un jubé d'un caractère tout différent. Le style dit *Louis XIV*, lourd et solennel, régnait en maître à cette époque où Bossuet et Fénelon parlaient avec dédain des églises gothiques. Toutefois, comme on ne pouvait songer à mettre par terre ces beaux monuments pour les rebâtir dans le goût du jour, on se contenta de les défigurer le plus possible ; et s'il faut parfois reconnaître le talent réel déployé par les sculpteurs et les ornemanistes de cette époque, on est obligé de convenir que les superfétations qu'ils ajoutèrent aux églises au XVIIe et au XVIIIe siècle, sont presque toujours d'un effet déplorable. Nous ne citerons, pour exemple, que le chœur de la cathédrale de Chartres. Il n'est pas étonnant de voir les moines du

(1) Priscorum æmulator pietatis Guillelmus majoris aræ faciem tabula aurata variis passi Christi historiis divite, atque argenteam capsam in qua sanctorum plurium habentur reliquiæ, decorat ; columnas quatuor angelicas, ad quatuor ejusdem aræ angulos mira admodum sculptura decoratas, ære cyprio conflatas, affigit. *Additio ad Chron. Beccens.*, edit. Migne, col. 691.

(2) Hermant, curé de Maltot, dans la deuxième partie de son *Histoire du diocèse de Bayeux*, restée manuscrite, écrivait vers 1706 : « Il y a vingt ans que, dans l'abbaye du Bec, il y avoit au grand autel un tableau de saint Lanfranc qui a esté mis dans une chapelle, lorsqu'on a fait l'autel nouveau qu'on y voit maintenant. » Ms. conservé à la bibliothèque publique de Caen et cité par Charma. Lanfranc, *Notice biographique*, p. 59.

Bec entrer dans cette voie. Il y avait alors dans la congrégation de Saint-Maur un jeune religieux convers, Guillaume de la Tremblaye, qui était tout à la fois sculpteur habile et architecte de premier ordre. Nous rencontrons pour la première fois son nom sur le cloître du Bec nouvellement reconstruit, avec la date de 1666. Il appartenait alors à la communauté des Bénédictins de Bernay. Ses confrères du Bec s'empressèrent de l'attacher à leur couvent pour lui confier les travaux qu'ils méditaient pour leur église (1).

(1) On ne possède pour ainsi dire pas de renseignements biographiques sur Guillaume de la Tremblaye. La première œuvre que nous connaissons de lui est le cloître du Bec, terminé en 1666; il devait être alors fort jeune; puis il entreprend le maître autel en 1684, les chapelles du tour du chœur et enfin le jubé en 1699. Il ne paraît pas que depuis cette époque frère Guillaume soit revenu au Bec. On pense qu'il mourut en 1715. Pendant les cinquante années que dura sa carrière artistique, Guillaume de la Tremblaye entreprit une foule de travaux importants. Sa compétence était universellement admise, et ses avis fort recherchés. En 1679, les marguilliers de Sainte-Croix de Bernay profitent de sa présence pour lui faire visiter, comme expert, les stalles que le sculpteur Michel Girard venait de terminer. (Arch. municip. de Bernay.) Il dessina, pour le *Monasticon Gallicanum* que préparait alors dom Germain, les vues à vol d'oiseau des abbayes de Jumièges en 1678, de Saint-Pierre de Préaux et de la Trinité de Vendôme en 1683. Les vues de Bec, 1677, de Bernay, 1687, peuvent être également attribuées à frère Guillaume, bien qu'elles ne portent pas son nom. Mais le titre le plus glorieux du moine convers est celui d'architecte, et, en cette qualité, il peut prendre place près des Libéral Bruand, des Levau, des Blondel, et des Boffrand. Il donna les plans des bâtiments actuels de l'abbaye de Saint-Étienne de Caen, commencés en 1704. On lui attribue ceux de la Sainte-Trinité, dite l'Abbaye-aux-Dames, de Saint-Denis, occupés maintenant par l'établissement de la Légion d'honneur, et d'une partie de ceux de l'abbaye de Saint-Désir

En 1684, il achèva le gros œuvre du nouveau maître-autel dont la première pierre avait été posée le 6 novembre de l'année précédente. La bénédiction en fut faite le 14 septembre, aux premières vêpres de l'anniversaire de la Dédicace de l'église. Mais les ornements et les dorures ne furent terminés qu'en 1687. Cet autel, que l'on voit dans l'église Sainte-Croix de Bernay (1), est d'ordre composite et accompagné de huit colonnes de marbre jaspé de 4 mètres de hauteur; leurs bases sont de bronze et les chapiteaux de pierre fine et dorée. Sur la corniche est posée une demi-couronne accompagnée d'anges, d'urnes et de festons. Au sommet de la demi-couronne, la custode renfermant le Saint-Sacrement était autrefois suspendue au-dessus de

de Lisieux. Vers 1765, Guillaume de la Tremblaye dirigeait avec un de ses confrères, dom Jean Barré, des travaux d'architecture dans l'église de Saint-Germain-des-Prés, à Paris.

(1) Le registre des délibérations des trésoriers de Sainte-Croix contient, à la date du 4 avril 1813, quelques renseignements curieux sur l'installation de cet autel à Bernay. L'un des trésoriers fait observer que l'abbé Lefebvre, curé de Bernay, a été frappé d'apoplexie le 1er février dernier, à l'âge de soixante-treize ans; après avoir fait son éloge, il ajoute : « Ce fut lui qui obtint de la munificence impériale la donation de l'autel de la ci-devant abbaye du Bec, qui fait aujourd'hui l'ornement de l'église Sainte-Croix; il en surveilla avec zèle, de concert avec les marguilliers de ce temps, le rétablissement et même l'embellissement. Ce fut lui qui fit adopter l'idée de placer dans le chœur de l'église l'image du saint qui rappelle l'idée du grand homme qui gouverna la France, comme aussi celle du saint dont l'illustre archichancelier porte le nom, qui secondant les projets de M. Lefebvre fit obtenir l'autel du Bec. » (Archives de la fabrique de Sainte-Croix.) — C'était, en effet, lors du passage de Cambacérès par Bernay que l'abbé Lefebvre avait demandé et obtenu pour son église l'autel du Bec.

l'autel. Le tabernacle, élevé sur des gradins, est de marbre blanc et surmonté d'une charmante statue de l'Enfant Jésus couché dans sa crèche. Cette œuvre, d'une grâce vraiment merveilleuse, a été attribuée par la tradition locale à Pierre Puget. Elle est accompagnée de deux autres figures de grandeur naturelle, l'une en pierre, l'autre en bois, de la sainte Vierge et de saint Joseph. Aux extrémités sont deux anges de pierre dorée, de stature colossale et d'un grand effet décoratif. Le tombeau d'autel en forme de sarcophage renflé est de marbre jaspé, et la pierre qui le recouvrait jadis était de porphyre et d'une grandeur extraordinaire ; on croyait qu'elle avait été bénite par saint Anselme (1). Au-dessous de l'autel reposait, dans une boite de plomb, le cœur du cardinal Jean Le Veneur abbé du Bec, mort en 1543 (2).

On fit en même temps que l'autel le marchepied et les degrés en marbre de différentes couleurs. Le sanctuaire fut également pavé en grands carreaux de marbre

Le ministre de l'intérieur, trouvant occasion de faire un beau présent qui ne coûtait guère, donna par arrêté du 15 août 1808, à la fabrique de l'église de Sainte-Croix, « la décoration intérieure du chœur de la ci-devant abbaye du Bec, » ce qui comprenait non seulement l'autel, mais le jubé, les statues, le dallage de marbre et les pierres tombales. (Arch. de l'Eure. — Domaines nationaux.)

(1) *Dict. universel*, tom. I, p. 315. — *Description de la Haute-Normandie*, tom. II, p. 279. — Dom Bourget, *The History of the royal Abbey of Bec*. London 1779, p. 108. C'est toujours à cette édition que nous renvoyons dans nos citations.

(2) *Chron. Beccens.*, col. 693. Il y avait derrière le maître-autel, entre les deux derniers piliers du rond-point, une très ancienne statue de la sainte Vierge, qui avait été redorée en 1687. *Dict. univ.*, tom. I, p. 315, et *Mémoires pour servir à l'histoire*, etc.

blanc et noir. Le chœur ne le fut qu'en 1710, et la dépense s'éleva à 2,500 livres (1). Ce fut à cette occasion que les religieux réunirent au milieu les sept grandes pierres tombales de leurs derniers abbés réguliers. C'étaient celle de Guillaume d'Auvillars, mort en 1418 (Jean de Chambray avait reçu 40 écus pour la confection de cette dalle tumulaire) (2); celle de Robert Vallée, mort en 1430; de Thomas du Bec, mort en 1446; de Jean de la Motte, mort en 1452 ; de Geoffroy d'Epaignes, mort en 1476; de Robert de Rouen, mort en 1492; enfin celle de Guillaume Guérin, mort en 1514. Ces pierres gravées au trait étaient revêtues d'incrustations de marbre et de cuivre émaillé (3). Pendant que l'on travaillait au pavage du sanctuaire, on trouva, au-dessous de la lampe, le tombeau de l'impératrice Mathilde, l'insigne bienfaitrice du monastère (4). En 1421

(1) *Mémoires pour servir*, etc.

(2) Nota quod Joannes de Chambray fecit tumbam domni abbatis Guillelmi; et soluta sunt quadraginta scuta, ut patet in cartulario per quietantiam, in fardello signato per... *Chron. Beccens.*, col. 678.

(3) *Chron. Beccens.*, col. 678, 682, 683, 767, 770, 891 et 692. Dom Bourget, passim. L'église Sainte-Croix de Bernay possède entières les pierres tombales de Guillaume d'Auvillars et de Robert Vallée, des fragments de celle de Thomas du Bec et de Guillaume Guérin, enfin un autre fragment considérable retrouvé dernièrement dans le cimetière où il avait servi de tombe à un curé de la paroisse; malheureusement les bords ont été sciés et l'inscription a disparu. Il y a dans le chœur de l'église du Bec-Hellouin une pierre tombale d'abbé de grandes dimensions qui semble être de la fin du xve siècle, mais le pied des passants l'a tellement usée qu'il est impossible de lui assigner un nom.

(4) Fille d'Henri I, roi d'Angleterre, femme d'Henri V, empereur d'Allemagne, puis de Geoffroi, comte d'Anjou, et mère de Henri II, roi d'Angleterre, morte en 1167.

les Anglais avaient arraché les lames d'argent qui recouvraient sa sépulture (1), et depuis cette époque, l'emplacement même en était demeuré inconnu. Quand les religieux eurent constaté l'authenticité de ces restes, ils les mirent dans un double cercueil, et le 22 décembre 1684 les déposèrent sous une grande tombe de bronze doré sur laquelle on grava une épitaphe due à la plume de Mabillon (2).

(1) *Chron. Beccens.*, col. 981. — Dom Bourget, p. 62.
(2) *Mémoires pour servir*, etc. Voici l'épitaphe :

D. O. M.
ET ÆTERNÆ AUGUSTÆ MATHILDIS MEMORIÆ,
QUÆ
ORTU MAGNA, VIRO MAJOR, SED MAXIMA PARTU
HIC JACET, HENRICI FILIA, SPONSA, PARENS.
QUIPPE QUÆ EXTITIT
HENRICI I ANGLORUM REGIS FILIA NOBILISSIMA;
HENRICI V ROMANORUM IMPERATORIS
SPONSA AUGUSTISSIMA
GODEFRIDI PULCHRI ANDEGAVENSIUM COMITIS
POSTERIORE TORO PRÆCLARA CONJUX
DE QUO FACTA EST
HENRICI II ANGLIÆ REGIS PARENS ILLUSTRISSIMA.
ERGA BECCENSEM ECCLESIAM IMPENSE MUNIFICA,
QUAM DUM VIVERET, THESAURIS SUIS DITAVIT,
ET POST OBITUM
SUI CORPORIS VOLUIT ESSE CUSTODEM.
FELICEM VITÆ SORTITA EST EXITUM IV IDUS SEPTEMBRIS
AN. DNI MCLXVII,
HOC MONUMENTUM ÆTERNUM POSUERUNT MONACHI
BECCENSES CONGR. STI MAURI
AN. MDCLXXXIX.

Cette tombe de cuivre fut enlevée à la Révolution, mais le cercueil de plomb demeuré intact fut retrouvé par hasard le 10 décembre 1846, pendant des travaux de nivellement que

A partir du XIIIe siècle, on avait construit dans un grand nombre d'églises cathédrales et abbatiales des jubés, c'est-à-dire de vastes tribunes à l'entrée du chœur, qui reliaient habituellement les clôtures de pierre élevées dans le pourtour des stalles hautes et du sanctuaire. Les cathédrales de Paris, de Chartres, de Bourges, d'Amiens, de Reims, du Mans, d'Alby, les abbayes de Saint-Denis, de Fécamp, de Saint-Ouen de Rouen, possédaient de ces jubés construits du XIIIe au XVIe siècle. Jusqu'à la fin du XVIIIe siècle, le chœur du Bec n'en fut pas pourvu. Ce ne fut qu'en 1699 que Guillaume de la Tremblaye fut chargé de donner le plan d'un jubé en marbre, d'une belle exécution assurément, mais dont l'effet, dans une église ogivale, ne devait pas être plus heureux que celui de la cathédrale de Rouen. D. Toussaint Duplessis nous a laissé de ce jubé une description fort exacte et d'autant plus précieuse qu'il ne reste plus de l'œuvre de frère La Tremblaye que des fragments méconnaissables.

« Le jubé, dit-il, fut achevé en 1699; il est fort riche, et du marbre le plus beau. On y voit d'abord deux colonnes et quatre pilastres de jaspe, leurs bases de marbre blanc, et leurs chapiteaux de pierre blanche choisie, le tout suivant les proportions de l'ordre composite, excepté la frise, qui est d'ordre dorique avec des triglyphes de marbre blanc veiné. Les métopes sont de marbre jaspé sur lequel on a appliqué les figures de

faisait exécuter le commandant du dépôt. Les restes de l'impératrice Mathilde furent transportés dans la cathédrale de Rouen et déposés auprès du cœur nouvellement découvert aussi de Richard Plantagenet, son petit-fils. — Cf. *Revue de Rouen*, 1847, p. 41-44 et 604-609.

quelques-unes des pièces qui servaient dans le temple de Salomon ; l'Arche d'alliance est dans la métope du milieu, et la Table des pains de proposition avec l'Autel des parfums sont posés alternativement dans les autres avec les attributs des évangélistes. Sur le tympan ou fronton, dont le fond est de marbre jaspé, sont appliquées les figures relevées en bosse d'Adam et d'Eve, l'un et l'autre au pied de l'arbre, pleurant leur péché : cet arbre où est le serpent, avec les deux figures de nos premiers pères et toutes celles qui sont dans les métopes, sont d'un métal composé de plomb, d'étain et de rosette, le tout proprement doré d'or mat. Sur la corniche règne une balustrade de marbre jaspé de même que le piédestal acrotère, sur lequel sont posées les figures du Crucifix, de la Vierge, et de saint Jean. Dans le milieu de l'ouvrage est posée une porte de fer à jour d'un bon goût, et dont les ornements sont dorés d'or mat. Autour de la porte, il y a un chambranle de petite brèche d'Italie, de trois pièces seulement, ce qui doit être regardé comme très rare à cause de sa hauteur, qui est de 10 pieds 3 pouces et demi. Aux deux côtés de la porte on voit encore les deux statues de saint Benoît et de saint Maur, l'une et l'autre sur un piédestal de plusieurs sortes de marbre, posées contre leurs niches dont l'imposte et l'architrave sont de marbre blanc, la bordure de petite brèche d'Italie, et le fond qui est droit et plat, d'un très beau marbre bleu-turquin (1). »

(1) *Description de la Haute-Normandie*, tom. II, p. 280. — Dom Bourget, p. 109. — Th. Corneille, *Dict. univ.*, tom. I, p. 315. — *Mémoires pour servir*, etc. On démolit en 1710 deux balustrades ou clôtures de pierre qui fermaient le sanctuaire, pour les rem-

Les chapelles pourtournant le chœur étaient au nombre de dix, sept du côté de l'évangile, la chapelle absidale de la Mère de Dieu, et deux chapelles seulement du côté de l'épître. « La sacristie et la maçonnerie de l'église, dit Duplessis, ont empêché d'y en mettre davantage, ce qui rend ce côté-là obscur et défectueux (1).

La chapelle de la Sainte-Vierge était très vaste et

placer par deux grilles de fer forgé, répondant aux grilles dorées que l'on avait placées en 1710, entre les piliers à l'extrémité des stalles. C'est en détruisant cette clôture que l'on retrouva du côté de l'épître le tombeau de l'abbé Richard de Saint-Léger, mort évêque d'Évreux, le 4 avril 1237, et du côté de l'évangile celui de Geoffroy Faré, également mort évêque d'Évreux, le 15 avril 1340. — *Description de la Haute-Normandie*, t. II, p. 282. — « En détruisant la balustrade qui est du côté nord, on trouva un cercueil de pierre; lequel ayant été ouvert, on y vit des ossements avec une crosse de bois et un anneau de fer encore attaché au doigt. C'est tout ce qui a désigné le corps de Geoffroy Faré, vingtième abbé et ensuite évêque d'Évreux, auquel on n'a point touché. On a mis à la place occupée jusque-là par son tombeau une plaque de cuivre avec son inscription, et on a transporté le sarcophage contenant ses ossements un peu plus bas contre le mur du chœur, vis-à-vis la chapelle de Saint-Martin. » *Mémoires pour servir*, etc.

Nous avons vainement cherché un document qui fît mention des stalles du Bec. Duplessis dit seulement qu'elles avançaient dans le chœur de trois mètres de chaque côté, ce qui indique qu'elles formaient double rang. Ces stalles furent vendues à des particuliers et enlevées au mois de décembre 1792. On croit qu'elles furent brisées et brûlées plus tard. Un fragment échappé à cette inepte destruction permettrait de les faire remonter au XVe siècle. (Arch. municipales du Bec-Hellouin. — Registre des délibérations.)

(1) *Description de la Haute-Normandie*, tom. II, p. 281. — Thomas Corneille dit qu'il y avait onze chapelles. *Dictionn. univers.* tom. I.

recevait la lumière de onze fenêtres à vitraux peints placés sous l'abbatiat de Geffroy Harenc (1). En 1667, un religieux de l'ancien ordre du Bec, M. du Bosc-Renoult, fit refaire un autel qui coûta 1200 livres, et voulut être enterré dans cette chapelle (2). On y voyait également la dalle tumulaire de Robert de Floques, bailli d'Évreux, mort le 7 décembre 1461, les sépultures des abbés Gilbert de Saint-Etienne, Jean des Granges, et Robert de Rotes. Le cœur de Marie d'Espagne, comtesse d'Alençon et d'Etampes, y reposait aussi (3).

M. du Bosc-Renoult avait encore contribué à la construction des autels de Saint-Jean-Baptiste et de Saint-Michel ; mais ces autels, qui ne répondaient plus à la sculpture des autres faits postérieurement, furent détruits en 1691 et 1694 et remplacés par d'autres dont le plan fut donné par Guillaume de la Tremblaye (4). La chapelle de Saint-Jean-Baptiste renfermait la belle pierre tumulaire de Jeanne de Tilly, femme de Jean Ferrières, décédée le 27 février 1395 (5).

(1) Geoffroy Harenc, vingt-quatrième abbé du Bec (1390-1399), avait fait vitrer ainsi la plupart des chapelles. *Chron. Beccens.*, col. 673. — Geoffroy d'Epaignes (1452-1475), fit aussi travailler à la chapelle de la Vierge : Superstruxit stillicidia lapidea in circuitu capellæ B. Mariæ et totam carpentarjam, et cooperuit sicut fuerat antea plumbo. *Chron. Beccens.*, col. 789.

(2) L'autel de la Sainte-Vierge sert actuellement de maître-autel à l'église de Brionne. M. Du Bosc-Renoult fit terminer l'autel de Saint-Benoît en 1674, et celui de Saint-Anselme en 1676. *Mémoires pour servir*, etc.

(3) Dom Bourget, p. 97.

(4) L'autel Saint-Michel avait été donné par M. René Dufour, sieur de Roncenay, gentilhomme d'une grande piété, qui s'était retiré au Bec. *Mémoires pour servir*, etc.

(5) Farin. *Histoire de Rouen*, 1710, tom. II, p. 512. D. Bourget,

L'autel de la chapelle de Saint-Étienne fut commencé en 1672 et exécuté aux frais de M. François d'Aulne, seigneur de Bauplan, qui mourut le 2 février 1673 et fut inhumé dans cette chapelle (1). Le 17 septembre 1731, le cœur de la duchesse de Brancas fut apporté à l'abbaye par les soins de son fils et déposé dans la chapelle Saint-Etienne, avec une épitaphe gravée sur une dalle de marbre noir, aux armes de la défunte. Le cœur du duc de Brancas, qui avait longtemps vécu retiré au Bec, y fut également déposé en 1767, avec une inscription commémorative (2).

M. Olivier Heusté de Lamberville, autrefois grand

p. 100. Cette dalle tumulaire ainsi que celle de Robert de Floques sont aujourd'hui dans l'église de Boisney (arr. de Bernay).

(1) *Mémoires pour servir*, etc. D. Bourget, p. 101. François d'Aulne de Bauplan s'était retiré à l'abbaye du Bec et y était mort à l'âge de quatre-vingt-quatre ans. Il avait fait don à l'église de deux livres reliés en velours cramoisi avec ornements de vermeil, qui servaient pour le chant de l'épître et de l'évangile. Voici son épitaphe :

Cy gist noble homme François d'Aulne, écuyer,
seigneur de Bauplan, en son vivant premier
capitaine et commandant dans la ville du Havre
de Grâce, lequel après un long service rendu à
Sa Majesté, s'étant retiré dans cette abbaye, y a
vécu avec une piété exemplaire, et a fait faire cet
autel. Il a rendu son âme à Dieu le 2me jour de
février l'an 1673, et de son âge le 84
Requiescat in pace. Amen.

D, Bourget, p. 101.

(2) Les armes de Brancas étaient : *d'azur au pal d'argent, chargé de 3 tours crénelées de gueules et accompagnées de 4 pattes de lion d'or mouvantes du flanc de l'écu.* Ces deux

prieur des anciens religieux, avait fait refaire de ses deniers l'autel des Vierges. Les statues que l'on y voyait, de la sainte Vierge, des saintes Magdeleine,

dalles de marbre noir se trouvent maintenant dans l'église du Bec-Hellouin. Voici les inscriptions qu'elles contiennent :

Ici repose le cœur de très haute et très
puissante dame, Madame Marie de Brancas,
épouse de très haut et très puissant seigneur
Monseigneur Louis de Brancas, duc
de Villars, Pair de France :
Au milieu d'une cour l'exemple ne l'a pas
séduite.
Ses mœurs ont été respectées de la
médisance même qui épargne si peu la
vertu.
Le choix qu'elle a fait pour son cœur de
ce lieu saint, montre assez que dans le
séjour même des vanités elle les a
toujours mépriséés.
Chrestiens, puisqu'elle a glorifié Dieu aux
yeux des pécheurs, priés qu'il la courone
dans la compagnie des saints.
Cette illustre dame est morte à Paris
le XXVIII. *août, l'an de J.-C.* MDCCXXXI. *âgée*
de LXXXVII *ans et* XI *mois.*

Cy gît le cœur
De très haut et très illustre
Monseigneur Louis Antoine
Duc de Brancas et de Villars
Pair de France, chevalier des
Ordres du Roi et du royal
ordre de Saint Janvier.
Décédé en son hôtel à Paris
le 29 février 1760
âgé de 78 ans.

Honorine, Catherine et Marguerite, étaient l'œuvre de Guillaume de la Tremblaye. Cette reconstruction fut terminée en 1680. Au XVe siècle, cette chapelle avait été complètement ornée par le prieur Robert de Rouen. La Chronique du Bec donne le détail de tous les travaux qu'il y fit exécuter : il l'enrichit de splendides verrières, orna l'autel de cinq statues des saintes ci-dessus nommées, et fit peindre sur le retable les figures des saintes Marthe et Agnès. Enfin en 1468, il fit décorer les murailles de fresques figurant des traits de la vie des vierges auxquelles la chapelle était dédiée (1). On ne peut voir sans regret les moines de Saint-Maur substituer de parti pris à toutes ces œuvres précieuses de l'art du XVe siècle, si riche et si délicat, la lourde et fastueuse ornementation qu'ils vont bientôt étendre à leur église entière. M. Heusté de Lamberville fut inhumé dans cette chapelle le 26 février 1687, et son épitaphe fut gravée sur une table de marbre noir scellée dans le mur vis-à-vis de l'autel (2).

Un autre ancien religieux, M. Charles Lemaire, fit terminer, en 1681, la chapelle de Saint-Martin. Les trois statues de saint Martin, de saint Nicolas et de saint Charles étaient de Guillaume de la Tremblaye. La dernière de ces statues, que l'on voit encore dans l'église du Bec-Hellouin, reproduisait, dit-on, les traits du religieux donateur Charles Lemaire. Il fut inhumé dans cette chapelle le 26 février 1695, à l'âge de 87 ans ; il était

(1) *Chron. Beccens.*, col. 667.

(2) *Mém. pour servir*, etc. Dom Bourget, p. 103. Cette dalle de marbre est maintenant dans l'église du Bec-Hellouin. Les armes de Heusté étaient : *de...., au lion passant armé et lampassé ;* les

entré à l'abbaye à 12 ans. C'était le dernier survivant des anciens de l'ordre du Bec (1).

L'autel de la chapelle Saint-Alexis, « la plus belle de toutes, » disait Duplessis, fut placé en 1683. C'était la dernière qui restât à orner. La statue du saint et la décoration de la chapelle furent encore l'œuvre du moine architecte ; elles furent exécutées aux dépens de la communauté, « qui voulut par là satisfaire davantage

couleurs n'ont pas été indiquées ici sur le marbre noir.— Voici l'inscription de sa tombe :

D. O. M. et M. M.
Nobilis religiosique viri D.
D. Olivarii Heusté de Lamberville :
Qui sanctæ regulæ jugum portaturus ab adolescentia,
Huc vixdum decennis advolavit.
LXX annorum in Benedictina palæstra stadium
Pie, perseveranter, feliciter emensus,
Magnique Prioris officio,
Ad quod etiamnum junior meritis exigentibus assumptus fuerat,
Per triginta annos strenue functus,
Reformatos ordinis ascetas excepit, fovit, adjuvit;
Antiquioris disciplinæ commilitones rexit, correxit instruxit :
Multis tandem ad ornatum S. Basilicæ
collatis donariis,
De omnibus benemeritus, desideratus omnibus,
Cursum laudatissimum vitæ consummavit
Pretiosa morte in conspectu dni.
Die XXVI *Febr. ann.* M.D.C. LXXXVII. *annos. nat.* LXXX.
. . . . *Fundaverat sacello situs.*
Requiescat in pace. Amen.

(1) *Mémoires pour servir*, etc. Dom Bourget, p. 102. La dalle qui renferme son épitaphe est dans l'église de Bec-Hellouin. Les armes de Charles Lemaire y sont gravées, mais sans indication de couleurs; elles se composent d'une croix cantonnée

la piété des fidèles du pays, qui avaient recours à ce saint dans leurs maladies (1).

Un gentilhomme du voisinage, M. Pierre de Beton, seigneur de Fontaine-la-Soret, qui s'était retiré à l'abbaye en 1674, fit refaire un nouvel autel à la chapelle Saint-Pierre. Ce bienfaiteur des religieux mourut

au 1er et au 4e d'un lion rampant, au 2e et au 3e d'un aigle éployé.

D. O. M. et Æ. M.
Nobilis religiosique viri D. D. Caroli Le Maire,
Qui a teneris, spreto sæculo vitam acturus cœnobiticam,
Becoense monasterium duodennis ingressus est;
LXXIII *annorum et amplius in ordine Sti Benedicti spatium*
Pari virtute ac perseverantia feliciter executus,
In prioratu S. Ymerii subprioris dignitate
Ad quam etiam invitus evectus fuerat,
Per XXIX *annos cum omnium approbatione perfunctus,*
Ad suum tandem senex reversus est cœnobium,
in quo
Per annos aliquot soli Deo sibique vacans,
In doloribus quos sub vitæ finem peracutos sensit
patientissimus,
In pauperes et egenos quos ubique recreavit
munificentissimus,
Reformatis monachis de quibus bene meritus est
desideratissimus,
Probatissimæ vitæ curriculum absolvit pretiosa
morte justorum.
Die mensis anni annos natus
Et in hoc
Quod elegantissimo marmore curaverat exornandum
sacello sepultus.
Requiescat in pace. Amen.

(1) *Mémoires pour servir, etc. — Description de la Haute-Normandie,* tom. II, p. 281.

le 11 janvier 1691 et fut inhumé devant l'autel (1).

Farin parle d'une chapelle de Saint-Sébastien où était inhumé Messire Pierre Dernericourt, personne de Marbeuf, décédé l'an 1326 (2), et les *Mémoires pour servir à l'Histoire de l'abbaye du Bec* mentionnent l'au-

(1) *Mémoires pour servir*, etc. Dom Bourget, p. 105. M. Pierre de Béton avait été parrain de la grosse cloche de l'église, refondue en 1678, et l'avait nommée Françoise, avec Mademoiselle de Franqueville. En 1700, M. Du Four de Roncenay, intime ami de M. de Béton, fit placer sur son tombeau une table de marbre blanc avec une inscription. De Béton portait : *d'hermines à 6 roses de gueules* 3, 2 et 1. La dalle tumulaire est dans l'église du Bec-Hellouin. Voici son épitaphe :

D. O. M.

Cy git noble home Pierre de
Béton en son vivant écuyer sr
De fontaine la Soret et cap.
dans le régiment de la marine
lequel après avoir servi sa
Majesté pendant 23 ans ou
environ, se retira en cette
abbaye, où il a vécu avec une
piété exemplaire l'espace de
17 à 18 ans, et y est mort le
1er jour de janvier de l'an de grâce
1691, âgé de 73 ans. Il a fait
faire cet autel devant lequel
Il a voulu être enterré.

Pries Dieu pour le repos de son âme.

Messire René du Four écuyer
seigneur du Roncenay son intime
Ami luy a fait faire cette
épitaphe, en l'an 1700.

Cf. : *Mémoires pour servir*, etc. — Dom Bourget donne quelques variantes.

(2) *Histoire de la ville de Rouen*, tom. II, p. 512.

tél de Saint-Maur achevé en 1679, par les libéralités de M. Aubourg, garde des rôles de France, et où l'on voyait ses armes : *d'azur à 3 fasces d'or.*

On avait placé en 1675, contre l'un des piliers de la nef, la chaire à prêcher pour laquelle l'ancien grand prieur, M. Heusté de Lamberville, avait donné 700 livres. Le plan et la sculpture de la chaire sont attribués à Guillaume de la Tremblaye (1).

Quatre ans auparavant, en 1671, un frère convers de la congrégation, Thomas Saport, avait achevé le grand orgue adossé au portail de la nef, et qui coûta à la communauté 3,000 livres, non compris la boiserie du buffet. « On l'estimait extraordinairement pour sa bonté et pour le grand nombre de jeux qui le composent (2). » Le petit orgue qui se trouvait au fond du croisillon méridional fut en même temps supprimé et remplacé par une horloge déjà ancienne, à laquelle on ajouta un grand cadran marquant les heures et les phases de la lune. Ce travail fut exécuté par dom Jacques Simon, de Jumièges, et un convers du Bec nommé Paul Duchellier (3).

Les sacristies étaient situées du côté de l'épître peut-être sur l'emplacement d'anciennes chapelles latérales. On termina en 1686 les grandes armoires du trésor ainsi que les boiseries commencées vingt ans auparavant. En 1699, la communauté fit ajouter une table avec placards pour revêtir le célébrant et ses ministres ; au-dessus

(1) *Mémoires pour servir*, etc. Cette chaire, que la municipalité de Fécamp avait offert d'acheter en 1809, fut placée dans la cathédrale d'Évreux en 1812. (Arch. de l'Eure. — Bonnin. *Journal d'un bourgeois d'Evreux*, p. 208.)

(2) *Dict. universel*, t. I, p. 318.

(3) *Mémoires pour servir*, etc.

fut mis un tableau de Jésus portant sa croix (1).

Le trésor de l'église était fort riche, bien qu'au XVIIIe siècle il se trouvât presque entièrement renouvelé. A diverses époques l'abbaye avait été dévastée. Les guerres anglaises, la rapacité de quelques abbés, comme Estout d'Estouteville, Jean Ribaut et Jacques d'Annebaut, les incursions des huguenots en 1563, avaient successivement fait disparaître les merveilles d'orfèvrerie ancienne dont la Chronique donne çà et là une curieuse description. Ce fut surtout depuis l'abbatiat de Jacques-Nicolas Colbert que la communauté fit d'importantes acquisitions d'argenterie. En 1666, elle fit faire une croix processionnale en vermeil du poids de 21 marcs et qui coûta 1200 livres; c'était un don de M. du Bosc-Renoult, ancien religieux, qui en avait lui-même commandé la façon avant de mourir. Les six grands chandeliers d'argent du maître-autel avaient été achetés en 1688; ils pesaient chacun 25 marcs et mesuraient trois pieds et demi de hauteur. Les chandeliers d'argent servant aux acolytes, du poids de 17 marcs, avaient été fondus en 1690. « Cette même année, dit l'auteur des *Mémoires* que nous citons souvent, on acheta le grand calice de vermeil qui sert aux fêtes solennelles. Il est d'un ouvrage à l'antique; le pied est chargé de petits Agnus Dei joints après coup et qui paraissent représenter les armes de la ville de Rouen. Ce calice avec sa patène pèse environ 6 marcs. ». Le trésor s'enrichit encore, en 1710, de deux beaux encensoirs d'argent dont on se servait, avec les burettes de vermeil, dans les

(1) *Mémoires pour servir*, etc. — « La sacristie est ornée d'une belle menuiserie avec une serrure très bien travaillée. » *Dictionnaire universel*, tom. I, p. 315.

grands solennels. Il y avait aussi un bâton cantoral en vermeil. Parmi les nombreuses châsses et reliquaires que possédait l'abbaye (1) il faut mentionner un reliquaire de bois d'ébène orné de jaspe oriental et de lapis-lazuli, donné en 1721 par le duc de Brancas. Les moines y mirent une vertèbre de saint Benoît et des ossements de saint Placide et de ses compagnons. Ces dernières reliques leur avaient été envoyées du Mont-Cassin. En 1730, le duc de Brancas fit encore présent aux religieux d'une grande croix d'argent garnie de diverses reliques qui lui avaient été données par M. Molé, premier président du Parlement de Paris (2).

(1) Dom Bénigne Thibault nous a laissé un état des reliques que l'on conservait en 1689. Nous reproduisons cette pièce curieuse et inédite. « Supersunt adhuc aliquot ex tanto numero quæ ex furentium hæreticorum manibus evaserunt, et asservantur in sacrario Beccensis ecclesiæ..., has inter præcipuo honore habentur : os brachii sancti Severi episcopi. Maxilla sancti Neoti abbatis, cujus integrum corpus olim asservabatur in hoc Beccensi sacrario. Pars cranii sanctæ Agnetis virginis et martyris. Partes craniorum sanctorum Fœlicis et Adaucti insignes. Pars notabilis cranii unius ex sociis sanctæ Ursulæ virginis et martyris. Pars cranii sancti Brandani. Particulæ reliquiarum sancti Jeronimi doctoris, sancti Orentii archiepiscopi Auxensis, sancti Benedicti abbatis, sancti Christophori martyris, sancti Ansberti archiepiscopi Rothomagensis, et aliæ quædam incognitæ. Alba sancti Anselmi in qua consecratus fuit archiepiscopus Cantuariensis. Pars pilei coriacei sancti Pauli apostoli. Pars casulæ et vestis sancti Neoti. Pars cilicii sancti Edmundi. Hæ adhuc cernuntur et custodiuntur in capsis et filacteriis hoc anno millesimo sexcentesimo octuagesimo quo hæ Additiones ad *Chronicon Beccense* scriptæ fuerunt, et *Historia Beccensium Annalium* exarata. » *Chronicon Beccense auctum et illustratum*. Bibl. nationale, lat., 12,884, p. 185.

(2) *Mémoires pour servir*, etc., *pass*. Cette croix-reliquaire se plaçait sur l'autel avec les six grands chandeliers d'argent. Le

Les ornements sacerdotaux n'étaient ni moins précieux ni moins nombreux que les œuvres d'orfèvrerie. Le ministre Colbert avait donné en souvenir d'une transaction avec les religieux, avantageuse à son fils qui venait d'obtenir la commende du Bec, un ornement complet de satin blanc nuancé de diverses couleurs, avec orfroi en broderie aux armes des Colbert (1). Cet ornement, qui fut fait à Paris en 1676, coûta 6000 livres (2).

En 1672, la communauté acheta un ornement de velours noir avec passement et lames d'argent en broderie, et une chasuble de drap d'or au dos de laquelle « se voyait l'image d'un empereur en pierres, avec l'aigle de l'Empire ». Cette chasuble fut jointe au grand ornement de drap d'or qui comprenait sept chapes et les tuniques. Les religieux firent encore confectionner en 1710 un ornement de drap moiré d'argent avec orfrois et broderie d'or, consistant en cinq chapes, une chasuble, deux tuniques et un parement d'autel. On affecta à l'achat de cet ornement le prix d'un grand

29 décembre 1789, l'abbaye du Bec envoya à la Monnaie de Rouen, comme don patriotique, 165 marcs 4 gros d'argenterie. Après la dispersion des ordres religieux on put encore en envoyer au district de Bernay 145 marcs 1 once 7 gros et demi : ce qui forme un poids total de 310 marcs 2 onces 1 gros et demi.

(1) *D'azur à la couleuvre d'agent tortillée en pal.*

(2) Cet ornement devait tenter la cupidité des voleurs : « La nuit de saint André 1754, on a forcé le grand coffre des devants d'autel du chœur qui était dans le collatéral, et on a décousu et emporté tout le galon et la crépine d'or avec les écussons et la grande croix brodée en or et en argent du devant d'autel dit Colbert, qu'on a coupé avec l'étoffe, soit qu'on n'ait pu la découdre, soit que vraisemblablement on n'en ait pas eu le temps. On estime cette perte à plus de 1,500 livres. » *Mémoires pour servir*, etc.

pupitre de cuivre, qu'on avait retiré du chœur et qui fut vendu 2000 livres. Ce pupitre qui déplaisait aux religieux était probablement celui que l'abbé Geoffroy d'Epaignes avait fait faire à Paris vers 1465. Enfin la communauté acheta en 1740 deux chapes, un parement d'autel et une chasuble, le tout de velours violet avec fleurs en broderie gaufrée ; on donna en échange d'anciennes chapes et d'autres ornements de damas violet à franges d'or qui avaient de beaux orfrois à figures.

Citons encore, en terminant ce rapide inventaire, les huit pièces de tapisseries de haute lice achetées en 1663, et représentant l'histoire de Moïse. Aux jours de fêtes solennelles on les suspendait aux piliers du sanctuaire. Cette somptueuse décoration était fort en usage dans les cathédrales et les églises importantes (1).

A une vingtaine de mètres de l'église, au nord, s'élevait la grande tour dite de Saint-Nicolas. L'abbé Geoffroy d'Epaignes en avait commencé la construction sur l'emplacement d'une autre ruinée par un incendie. Sur l'avis de plusieurs maîtres maçons consultés à cette occasion, on refit le tout depuis les fondements. Ce nouveau beffroi était destiné à recevoir les grosses cloches dont le poids ébranlait les tours du portail lorsqu'on les sonnait en volée. L'abbé Geoffroy conduisit cet ouvrage jusqu'à la naissance des fenêtres, et son successeur Jéhan Boncart le termina (2). C'est une

(1) *Mémoires pour servir*, etc., *passim*. Au moment de la Révolution, il y avait dans la sacristie du Bec quinze grands ornements avec chapes et tuniques, trente-six ornements pour les basses messes, cent trente aubes, trente-six rochets pour les enfants de chœur, etc. (Archives municipales de Bernay. — Inventaire dressé par les municipaux, le 29 janvier 1791.)

(2) *Chron. Beccens.*, col. 657 et 660.

énorme tour carrée, de plus de onze mètres de côté, d'architecture sévère, ornée seulement sur ses contreforts de huit statues colossales avec inscriptions en silex noir incrusté dans la pierre (1). Elle se termine par une élégante balustrade entrecoupée de pinacles, que dominait autrefois une flèche en charpente surmontée d'un lanternon. Son beffroi renfermait une sonnerie puissante composée de quatre cloches. La tonique refondue en 1739, avait reçu le nom de Louis-Just, et ne pesait pas moins de dix milliers. La plus petite, d'environ 3,500 livres, avait été refondue la même année et nommée Anne (2).

(1) Sur la face occidentale de la tour on lit, de bas en haut, ces mots irrégulièrement placés :

maria. ihs xps est filius dei.
salvator mūdi miserere (nostri);

sur le côté méridional :

ihs xps est filius dei;

et au-dessous des huit statues :

s. ādrieu (Saint André).
s. loye,
s. benest (Saint Benoît).
s. iaque.
s. nicolas.
s. jehan.
s. michel.
s. maria.

(2) Le baptême du gros bourdon donna lieu à un incident assez curieux, raconté dans les *Mémoires pour servir*, etc. M. l'abbé Dauvers et Madame de la Poterie devaient le nommer. Mais M. de la Poterie, sur ce qu'on n'avait pas mis toutes ses qualités sur la cloche, ne voulut pas que sa femme la nommât, ce qui obligea le prieur de la bénir sans cérémonie et de la nommer

La petite sonnerie, « qui était fort harmonieuse, » dit Thomas Corneille, était placée dans le clocher de charpente élevé au milieu du transsept. Elle se composait de six cloches : Catherine, Gertrude, Scholastique, Pierre et Paul, Gabriel et Saint-Anselme, plus grande que toutes les autres. Elles avaient été refondues en 1642 (1).

II

BATIMENTS CONVENTUELS

La construction la plus ancienne de l'abbaye était la salle capitulaire ou chapitre, adossée au côté méridional du chœur. Cet édifice, comme l'a fort bien dit Aug. le Prévost, « contemporain de la splendeur du Bec et de la grandeur des rois normands, » avait été construit de 1140 à 1147, presque entièrement aux frais de Robert de Neubourg (2). On y voyait les zigzags de

lui-même. La plus petite fut nommée par M. Boissel, secrétaire du roi au grand Conseil, et par sa femme. Le poids total des quatre cloches était d'environ 24,000 livres, et celui des six cloches de la petite sonnerie de 4,000 livres. Elles furent toutes fondues à la Révolution.

(1) *Mémoires pour servir*, etc.

(2) *Chron. Beccens.*, col. 652. Robert de Neubourg, des comtes de Meulan, est une des grandes figures normandes au XIIe siècle. Il était fils de Henri de Warwick et frère puîné de Rotrou, évêque d'Évreux et plus tard archevêque de Rouen, le même qui consacra l'église du Bec en 1178. En 1158, il fut chargé de la tutelle de Marguerite de France, qui avait été fiancée toute jeune à Henri Court-Mantel. Sentant sa fin approcher, le vieux sénéchal de Normandie se disposait à entrer au Bec comme simple religieux, lorsqu'il mourut le 30 août 1160. Il fut inhumé

l'architecture romane encore bigarrés de leurs peintures primitives s'élancer gracieusement le long d'arcades déjà gothiques (1).

C'était dans ce chapitre que le vénérable Herluin avait sa sépulture. En 1714, les religieux retirèrent la dalle de marbre noir grossièrement sculpté qui recouvrait son tombeau, et la remplacèrent par une autre de marbre blanc d'environ huit pieds de long, reposant

dans le chapitre, dans une chapelle funéraire qu'il avait fait construire pour la sépulture de sa famille. On lisait sur son tombeau l'épitaphe suivante :

Respicis angustum praecisa rupe sepulcrum :
Hic jacet in tumulo Robertus de Novoburgo.
Qui mare, qui cœlum, qui totum continet ævum,
Hunc faciat vere paradisi regna videre. Amen.

Chron. Beccens., col. 654.

(1) *Mémoires et Notes de M. Auguste le Prévost*, tom. I., p. 232. — Le chapitre fut détruit par autorisation du ministre de l'intérieur, au mois de janvier 1817. Il n'en reste actuellement qu'une colonnette avec son chapiteau godronné, supportant une nervure de voûte. Les *Additiones ad Chronicon Beccense*, de dom Bénigne Thibault, rédigées en 1680, Ms. latin 12,884, Bibl. nat., p. 221, donnent une courte description du chapitre. « Est hæc sedes capitularis fornicata, circumpositis opere gothico parum eleganti columnulis, porrecta in longitudinem centum circiter pedum alta pedes (*sic*), lata pedes 38 ; tabulatum habens ad altitudinem pedum (*sic*), latum 3 pedes, quo facilius circumeatur et accessus pateat ad sacella duo hinc et inde extructa et arcuata altaribus inibi erectis sacra. In area media cernuntur tumuli 14 abbatum scilicet qui primi hanc rexere ecclesiam, et paulo altius tumbæ sepulchrales dominorum Novoburgensium huj[illegible] cœnobii benefactorum, passimque priorum claustralium. » Ce même volume renferme un plan des tombeaux des quatorze premiers abbés. On voit que celui d'Herluin, en forme de trapèze, était orné de 27 petites scènes gravées ou sculptées sur le marbre et représentant les principaux épisodes de sa vie.

sur de petits pilastres de marbre jaspé. Un bénédictin originaire de Conches, D. Guillaume Roussel, composa pour cette circonstance une épitaphe latine que l'on grava en lettres dorées sur la tombe du saint fondateur (1).

(1) *Mémoires pour servir*, etc. Dom Bourget, p. 18. Ce monument, sauf les pilastres de marbre qui le soutenaient, a disparu à la Révolution ; il avait coûté 1,200 livres. Les restes d'Herluin reposent depuis 1792 dans l'église de Bec-Hellouin. Voici l'épitaphe de 1714, qui nous a été conservée par dom Bourget :

HIC JACET
PRIMUS HUJUSCE MONASTERII CONDITOR ET ABBAS
VENERABILIS HERLUINUS,
PRIMARIÆ INTER NORMANNOS NOBILITATIS,
PATRE ANSGOTO, MATRE HELOIDE, IN PAGO BRIONENSI NATUS,
INTER ARMORUM STREPITUS SUMMA CUM LAUDE,
INTER AULÆ ILLECEBRAS SUMMA CUM INTEGRITATE VERSATUS,
ABJECTO MILITIÆ SÆCULARIS PALUDAMENTO
CHRISTO DEINCEPS MILITATURUS,
AB HERBERTO LEXOVIENSI EPISCOPO HABITU MONASTICO
INDUITUR,
ET UT CHRISTI HABERET HEREDITATEM
BONORUM SUORUM CHRISTUM INSTITUIT HEREDEM.
QUOS AGROS QUONDAM POSSEDERAT DIVES
HOS COLUIT PAUPER, COLUIT ET JEJUNUS
UT CIBUS FIERET PAUPERUM,
ET LABORANTIS SUDOR ET FAMES JEJUNANTIS,
LABORES DIURNOS NOCTURNIS LEVABAT PRECIBUS,
UT CUM VIRTUTUM STUDIIS STUDIA LITTERARUM CONJUNGERET
LITTERAS QUADRAGENARIUS DISCERE NON ERUBUIT
ET IN BECCENSI MONASTERIO LITTERARIUM APERUIT GYMNASIUM,
IN QUO PATERNÆ PIETATIS ALUMNOS ET HÆREDES,
ECCLESIARUM PRÆSULES CANDIDATOS
LANFRANCUM, ANSELMUM,
PLURIMOSQUE ALIOS SUI SIMILES DISCIPULOS
AD OMNE VIRTUTIS OFFICIUM SUIS INFORMABAT EXEMPLIS
ABBAS VIRTUTI SIMILLIMUS,

Un certain nombre d'abbés avaient été inhumés, du XIIe au XIVe siècle, dans le chapitre, « ad pedes beati Herluini. » Ces tombeaux étaient de pierre avec une croix ou crosse en relief, et seulement le nom du défunt. De nobles seigneurs, bienfaiteurs de l'abbaye, partageaient cet honneur réservé aux abbés et aux prieurs. Henri de

QUI PLENUS OPERIBUS BONIS
MORTEM ADIIT VII CAL. SEPT. AN. D. MLXXIII.
ÆTAT. LXXXIII.

PATRI DE SE OPTIME MERITO
ÆTERNUM HOC PIETATIS MONUMENTUM P. P.
MONACHI BECCENSES CONGREGATIONIS S. MAURI
ANNO D. MDCCXIV.

(Voir cette même épitaphe dans *Ducarel's Norman. Antiq.*, p. 90.)

L'Église n'a point ratifié le culte que les religieux du Bec tentèrent plusieurs fois d'obtenir pour leur fondateur. Dès un temps immémorial, on célébrait à l'abbaye l'anniversaire de la mort d'Herluin avec une grande solennité. Les Réformés de Saint-Maur eurent la pensée de le faire béatifier. En 1638, ils prièrent l'archevêque de Rouen de les autoriser à ouvrir son tombeau. Il y consentit et indiqua le jour où il enverrait l'un de ses grands vicaires pour assister à la cérémonie, au cas où il ne pourrait s'y trouver lui-même. Mais quelques religieux craignant que le corps ne fût réduit en poussière après une longue suite de siècles, eurent l'indiscrétion d'ouvrir le sépulcre, puis le refermèrent avec précipitation. Sur ces entrefaites arrivèrent le visiteur général de l'ordre et les commissaires de l'archevêque. On se rendit tout de suite au tombeau, mais on s'aperçut qu'il avait été récemment ouvert ; et comme il se pouvait qu'en lieu du corps d'Herluin on en eût placé un autre, le procès-verbal qui fut dressé ne permit pas de poursuivre l'enquête. Le visiteur, dom Athanase de Mongin, ordonna néanmoins que l'on supprimât au jour de l'anniversaire la messe et les vigiles des morts, et consentit à ce que l'on chantât les vêpres et la messe votive de la

Neubourg, Marguerite de Neubourg (1), Jehanne Monvoisin, dame de Livarot, Marguerite de Neubourg, dame de Livarot, morte en 1223, un autre Henri de Neubourg, reposaient dans la partie supérieure du chapitre. Quelques-unes de ces sépultures portaient en relief l'effigie

sainte Trinité. Cependant cette permission fut bientôt retirée. Au mois de juin 1707, les religieux du Bec adressèrent une nouvelle requête à l'archevêque de Rouen pour obtenir de lever de terre les ossements du vénérable Herluin et de les exposer à la piété des fidèles. Le 5 juillet suivant, Jacques Sailliard, chanoine de Rouen, curé de Notre-Dame de la Londe-Commin et délégué de l'archevêque, vint au Bec accompagné d'un chirurgien et procéda à l'ouverture du tombeau d'Herluin. Le corps fut retrouvé intact quant aux ossements, mais les chairs étaient consumées. Après que la communauté eut considéré ce précieux dépôt, on referma le tombeau qui fut scellé, et le procès-verbal, dressé par le prieur dom Haudard et signé des principaux assistants, fut immédiatement envoyé à l'archevêque de Rouen, qui en témoigna sa satisfaction par une lette datée de Paris, le 22 juillet 1707. Le 26 août 1708, l'office solennel de la sainte Trinité fut célébré à l'anniversaire d'Herluin. La communauté fit consacrer ce privilège dans le chapitre général de l'ordre tenu la même année à Marmoutier. Dans le *Proprium locale*, seu Festa regalis abbatiæ Beatæ Mariæ de Becco, ordinis sancti Benedicti, congregationis sancti Mauri, Rouen, 1766, on lit : « Die xxvi, Dormitio venerabilis Patris Herluini fundatoris et primi abbatis Beccensis. Dupl. I classis I ordinis. Totum officium fit de SS. Trinitate. » — Cf., *Mémoires pour servir*, etc. — Guilmeth. *Histoire de Brionne et Notice sur les lieux circonvoisins*. Paris, 1834, p. 44. — *Descript. de la Haute-Normandie*, tom. II, p. 282, et *Chron. Bec. auct. et ill.*, fol. 99.

(1) Farin a reproduit les épitaphes de ces deux personnages d'une manière inexacte. Nous les donnons d'après le *Chronicon Beccense auctum et illustratum*, fol. 406 et 418. Eodem anno (1277) domina Marguareta de Novoburgo vivis exempta est die jovis ante Assumptionem B. Mariæ Virginis, et cujus corpus illatum est in capitulum Becci, ubi circa ejus sepulchralem tumbam id

du défunt avec un chien couché à ses pieds (1). Treize tableaux représentant des sujets religieux ou des portraits de moines illustres décoraient les murailles du chapitre (2).

Le cloître était avec le chapitre l'un des principaux

epitaphii haud bene exaratum pro ratione illius temporis cernitur :

CI GIST MADAME MARGVERITE DE NOEFBOVRG
QVI FV IADIS FEME DE MONSEGNOR AMAVRI
DE MEVLENT CHEF QVI FV TRESPASSEE LEN DE
GRACE M°° SEISANTE E DIS E SEPT LE IORDI
APRES LASVPCION DE NOSTRE DAME. DIEX
AIT EN SA PITIE SON AME. AMEN.

Robertus de Novoburgo obiit in Vasconia et jacet inhumatus in capitulo Becci cum hac epigrapho circum tumbam sepulchralem incisa :

CY GIST MONSEIGNOR ROBERT DE
NOEFBOVRG QVI TREPASSA EN GASCOIGNE
EN LAN MIL II° QVATRE VINGT E SEPTE
LE MERQVEDI AVANT LA CHANDELOR. DIEX
AIT PITIE ET MERCHI DE LAME DE LVY. AMEN.

Voici l'épitaphe de Marguerite de Livarot, fille de Henri de Neubourg, morte en 1223 :

Cy gist Madame Marguerite iadis dame de Livarou. Diex ait merci de lame delle. Amen. — *Chron. Becc. auct. et illust.*, fol. 305.

(1) *Chron. Becc. passim.* Dom Bourget, p. 25 et suiv. — Farin. *Hist. de Rouen*, tom. II, p. 511.

(2) « L'on voit dans le chapitre quelques tableaux qui représentent des religieux de cette abbaye vêtus de blanc, ce qu'on attribue à la dévotion particulière que saint Anselme avait pour la sainte Vierge. » *Dict. universel*, tom. I, p. 316. Les religieux du Bec, qui portèrent d'abord le vêtement noir bénédictin, adoptèrent, vers la fin du XIIe siècle, les vêtements blancs en l'honneur de la sainte Vierge, et les conservèrent jusqu'à l'introduction de la réforme de Saint-Maur.

lieux réguliers, Il s'adossait à l'église par son côté nord; mais la chute de la nef arrivée en 1591, l'avait en partie entraîné dans sa ruine, et il avait fallu le reconstruire. La première pierre fut posée le 6 mai 1644, mais les travaux marchèrent avec une lenteur extrême, puisqu'ils ne furent achevés qu'en 1666, par Guillaume de la Tremblaye, que l'on peut considérer comme le véritable architecte du cloître (1). C'était une construction spacieuse, de bon goût, ornée de pilastres dans le style de la Renaissance. Les voûtes en plein cintre portaient à la section des nervures de larges cuis-de-lampe feuillagés. Au-dessus de la porte d'entrée on avait placé, dans un but de flatterie facile à comprendre, les armes de l'abbé Colbert et celles de son père, le ministre d'État, quoiqu'ils n'eussent en rien contribué à cet ouvrage. Le préau, pavé d'un dallage dans son pourtour depuis 1671, avait été agrémenté, en 1686, d'un jet d'eau au milieu du parterre buisé et fleuri à la française (2).

Autour du cloître se groupaient, sur une superficie considérable, les bâtiments conventuels entièrement en pierre de taille. Si les bénédictins aimaient la beauté de la maison de Dieu, ils ne tenaient pas moins à habiter eux-mêmes des demeures spacieuses, imposantes dans leur simplicité et d'une ampleur qui nous étonne encore aujourd'hui (3). Les constructions du Bec offrent, avec

(1) Au-dessus de l'une des arcades du cloître, on voit l'inscription suivante :

G. LA TREMBLAYE SCVLPTEVR A BERNAY. 1666.

(2) *Mémoires pour servir*, etc.

(3) Provideant autem visitatores et alii superiores respective ut ædificia monasteriorum regularia sint, et regulariter viventi-

celles de Saint-Étienne de Caen, l'un des plus remarquables spécimens de cette architecture bénédictine.

Le 24 juin 1742, le prieur, muni de la procuration de l'abbé-comte de Clermont, posa solennellement la première pierre du réfectoire et du dortoir neufs situés parallèlement à l'église. On fut six années à parfaire cet immense corps de bâtiment, composé d'un rez-de-chaussée, d'un entresol et d'un étage très élevé. Le pavillon qui le termine du côté du jardin fut bâti sur pilotis à cause de la proximité de la rivière. Dès la veille de la Pentecôte 1747, les religieux avaient commencé à manger dans le nouveau réfectoire. Cette salle splendide, qui occupait tout le rez-de-chaussée, avait 75 mètres de long et près de neuf de large (1). Six grands tableaux décoraient les murailles; les deux plus vastes, placés aux extrémités, représentaient la Pêche miraculeuse et le Repas chez le pharisien; les quatre autres, qui passaient pour être les meilleurs, figuraient les Quatre éléments (2).

En 1750, on acheva sur les mêmes plans le retour d'équerre du bâtiment neuf, de 66^{m} de long et prolongeant le dortoir de plain-pied. Il y avait dans ces deux ailes trente-six cellules s'ouvrant d'un côté sur un large corridor dallé, et de l'autre prenant jour sur le parterre. Près du point de jonction de ces deux corps de bâti-

bus commoda, solida, plana et simplicia; prohibeantque in illis aurum, picturas varias, aliosque vanos et inutiles ornatus usurpari. *Constit. Congr. sancti Mauri*, p. 254.

(1) « Le réfectoire est grand, et une fontaine d'eau claire, qui sert de lavoir, y donne l'eau par six robinets et retombe dans un grand bassin d'airain. » *Dict. universel*, tom. I, p. 316.

(2) *État sommaire des principaux meubles et effets de l'abbaye du Bec*, dressé en 1790, par le prieur dom Maryo. (Archives de l'Eure.)

ments se déroulait un magnifique escalier de pierre, d'une hardiesse étonnante et qui communiquait des dortoirs dans l'église. Il fut achevé en 1761 (1). Au bout du dortoir, l'infirmerie formait une seconde équerre composée de deux étages. Une jolie chapelle servant pour les infirmes et les vieillards était ornée de trois tableaux représentant saint Benoît au désert, la Mort de saint Benoît, et Notre-Seigneur au jardin des Olives. Au rez-de-chaussée voûté se trouvaient *l'apotiquairerie*, la cuisine, et le réfectoire des malades. A l'entrée extérieure de l'infirmerie, un fronton triangulaire renfermait l'image de la Vierge avec cette inscription : SALVS INFIRMORVM (2).

Le quartier des hôtes, situé au nord-ouest du cloître et construit sur l'emplacement de la nef de l'église, était d'une époque un peu plus ancienne ; on l'appelait le dortoir Saint-Jacques. Au-dessous des douze chambres dont il se composait, il y avait un vaste cellier voûté (3).

La bibliothèque et son cabinet occupaient un bâtiment reconstruit en 1661, situé à l'angle nord-ouest du cloître. Dans une abbaye comme le Bec, ce mot de bibliothèque éveille aussitôt une foule de souvenirs littéraires. La pensée aime à se reporter dans ces hautes salles toutes tapissées de livres, où nul bruit ne s'entend que le pas mesuré d'un moine qui prend garde à ne

(1) « Cet escalier fut pris dans le chapitre même dont on abattit la partie de voûte qui était vers le cloître. On fut ainsi obligé de déterrer plusieurs corps qui étaient dans cette partie du chapitre et dont on rapporta les cendres en d'autres places, où il ne paraissait pas de tombes. » *Mémoires pour servir*, etc.

(2) La longueur totale des bâtiments reconstruits de 1742 à 1750 était d'environ 250 mètres.

(3) *Mémoires pour servir*, etc.

pas distraire les autres, que le frôlement respectueux des pages que l'on tourne avec précaution, ou la conversation discrète d'un religieux avec quelque savant de l'extérieur qui vient demander communication d'un rare manuscrit ou l'interprétation d'un texte obscur, deux choses que l'on était presque toujours assuré de trouver chez les fils de saint Benoît (1). En 1677, les religieux avaient dépensé des sommes importantes à l'aménagement de leur bibliothèque. Elle était lambrissée d'une boiserie de chêne à pilastres soutenant une corniche de belle proportion. Les armoires séparées par les pilastres portaient dix rangs de tablettes. Quelques portraits de supérieurs d'ordres et de personnages illustres, un buste de Notre-Seigneur par Bouchardon, une collection de soixante-quatorze petites gravures des rois de France, un médaillier de pièces de l'époque du Bas-Empire : telle était la décoration de cet asile de la science où se trouvaient réunis plus de 5000 volumes (2). On y voyait la grande Bible poly-

(1) *Les Constitutions de la Congrégation de Saint-Maur* renferment un chapitre sur les devoirs du bibliothécaire, que l'on devait choisir parmi les religieux versés dans les sciences et la bibliographie. On permettait rarement, et jamais sans l'autorisation du supérieur, de prêter des livres aux étrangers, et encore sous bonne caution. Chaque année les monastères pouvaient acheter une certaine quantité de livres, surtout les ouvrages publiés par les bénédictins. « Editos a fratribus nostris libros nostris deesse monasteriis non patiatur superior. » *Regula S. P. Benedicti, et Constitutiones Congregationis sancti Mauri*. Paris, Guillaume Desprez, 1770, in-8, p. 225.

(2) Les livres de la bibliothèque du Bec portaient sur les gardes un bel ex-libris gravé sur cuivre, représentant les armes de l'abbaye : *de gueules semé de fleurs de lis d'argent*. Cet écusson était entouré d'un cartouche à feuillages, surmonté de la mitre

glotte de Lejay, le *Bibliotheca maxima Patrum*, les éditions bénédictines des Pères, les collections des Conciles, le Recueil des historiens des Gaules, le *Gallia Christiana*, *l'Antiquité expliquée*, etc; plusieurs armoires étaient remplies de brochures, de Mémoires et de Gazettes (1). Les manuscrits, au nombre de 200, se composaient principalement de gloses sur l'Écriture et les Pères, de Décrétales, de traités liturgiques, de coutumiers monastiques, parmi lesquels le *Liber Usuum Beccensium* qui a été publié par D. Martène (2). Il faut dire que ce qui s'était trouvé de plus précieux, comme les très anciennes copies des Pères, les chroniques françaises et normandes, avait été échangé contre des livres imprimés et envoyé à Saint-Germain-des-Prés pour servir aux religieux chargés des éditions des Pères de l'Église et des grands recueils historiques (3). Malgré ces échanges

et de la crosse abbatiale. Ils portent, en outre, ces mots écrits sur le titre : *Ex libris monasterii Beccensis Cong. S. Mauri; catal. inscrip.* Le dos de la reliure était parfois orné d'un fer offrant en réduction le dessin de l'ex-libris.

(1) Inventaire fait par la municipalité du Bec, le 29 janvier 1791. — *État sommaire des principaux meubles*, etc. déjà cité. — (Arch. de l'Eure.)

(2) Dom Montfaucon a donné le catalogue des manuscrits : *Bibliotheca bibliothecarum*, etc. Paris, 1739, tome II, p. 1250 et suivantes.

(3) L. Delisle. *Le Cabinet des Manuscrits*, tom. II, p. 44. Dès le XIIe siècle, le Bec possédait une bibliothèque relativement considérable. Philippe d'Harcourt, évêque de Bayeux, lui avait légué, en 1164, cent treize volumes, qui, joints à ceux que Lanfranc et saint Anselme avaient laissés, fournissaient aux maîtres et aux écoliers tous les instruments nécessaires aux études sérieuses. Saint Ambroise, saint Augustin, saint Jérôme, saint Jean Chrysostome et beaucoup d'autres Pères y figuraient. L'antiquité y était représentée par Cicéron, César, Salluste, Sénèque, Pline,

malencontreux et probablement effectués par ordre des supérieurs, il restait encore au Bec de très intéressants manuscrits. La lecture du catalogue donné par Montfaucon et le fait suivant suffiront pour s'en convaincre. Lorsque au mois de novembre 1662, les bollandistes Papebrock et Henschen descendirent à Rouen au prieuré de Bonne-Nouvelle, pour recueillir des documents hagiographiques destinés aux *Acta Sanctorum*, D. Pommeraye s'empressa de les conduire à Saint-Wandrille, à Jumièges et au Bec, et obtint pour eux, de la part de ses confrères, communication des manuscrits précieux que possédaient ces trois bibliothèques (1).

Il y avait au Bec deux chartriers, le grand, qui ren-

Ovide, Quintilien. On y voyait l'*Hortensius* de Cicéron, qu'on a perdu depuis, et l'*Institution Oratoire* de Quintilien, dont la découverte avait été attribuée à Pétrarque par plusieurs auteurs. Ce livre était au Bec au XIIe siècle, et il avait été, à cette époque analysé par le moine Étienne de Rouen, l'auteur du *Draco Normannicus*. Mais les pillages successifs occasionnés par l'invasion anglaise avaient dû être funestes à toutes ces richesses littéraires, malgré le soin que les abbés prirent de faire transporter à Rouen leurs titres et sans doute aussi leurs manuscrits les plus précieux. Cf. *Chron. Beccens.*, col. 631. — Ravaisson, *Rapports sur les Bibliothèques des départements de l'Ouest*, p. 162 et 375.

(1) B. Pez. *Bibliotheca benedictino-mauriana*, p. 48. Dom Gerberon y était venu en 1662, pour préparer son édition des Œuvres de saint Anselme et consulter les anciens manuscrits qu'on y conservait des ouvrages du saint docteur. — En 1665, Emeric Bigot avait sommairement visité la bibliothèque ; il a conservé dans l'une de ses lettres le souvenir de ce voyage. « Je ne considéré que peu les mss. du Bec, estant trop eschauffé quand j'y arrivé, et en estant party le lendemain matin ; j'y veu quelques mss. que vous aviez examinés et où je veu de vostre écriture. » Lettre datée de Rouen, le 8 août 1665. Bibl. nat., ms. français 17,683, f°s 224-225.

fermait les titres communs entre les abbés et les religieux et était situé dans l'église à côté de la sacristie, et le petit, dit chartrier des religieux, placé près du grand escalier du dortoir (1). « L'inventaire des titres de l'abbaye Notre-Dame-du-Bec-Hellouin fait en l'an 1670 » par ordre du ministre Colbert forme un énorme volume in-folio (2). On peut juger par là de l'importance de ce dépôt d'archives, dont il faut déplorer la destruction quasi complète. Bulles de papes, chartes de rois, lettres d'évêques, donations de seigneurs normands et français, tout cela était alors soigneusement coté, classé et renfermé dans des armoires de chêne. Les cartulaires étaient au nombre de trois. Les rares feuillets qui nous en sont parvenus sont en beau vélin in-folio à deux colonnes, avec majuscules rouges et bleues parfois peintes sur fond d'or et ornées de filigranes On sait avec quel soin jaloux les moines tenaient sous triple serrure leurs chartes originales (3); la bibliothèque s'ouvrait libéralement, mais le chartrier demeurait fermé à ceux qui n'étaient pas de la maison. Au mois de juin 1778, le marquis Louis de Chambray vint au Bec rechercher quelques pièces concernant les origines de son illustre maison, dont il écrivait l'histoire. On lui communiqua sans difficulté les divers cartulaires dans

(1) Inventaire dressé par la municipalité du Bec, le 29 janvier 1791. (Arch. de l'Eure.)

(2) Bibl. nat. Cinq cents de Colbert, n. 190. Ce recueil, qui ne fait pas grand honneur au frère titrier qui l'a rédigé, est, malgré les nombreuses erreurs qu'il renferme, d'une grande utilité pour l'étude du temporel de l'abbaye.

(3) Archivum triplici clave observabitur, quarum unam tenebit superior, alteram archivi custos, tertiam unus e senioribus aut procurator. *Constitutiones Congregationis sancti Mauri*, p. 221.

lesquels il copia un certain nombre de chartes, mais il ne put pénétrer dans le chartrier « qu'on ouvre difficilement » (1). Et il ajoute : « Il y a un très gros volume en outre de ces deux-ci (les cartulaires) qui est assez mal conservé, ce qui fait qu'on serait bien mieux instruit si l'on entrait dans le chartrier ; de plus on verrait des sceaux, ce qui est intéressant » (2).

(1) Hæc omnia sive autographa, sive transcripta nulli fratrum nostrorum extra archivum, neque etiam exteris, absque conventus licentia legenda permittantur. — *Constitutiones Congregationis sancti Mauri*, p. 224.

(2) Dans le *Catalogue des Actes de Philippe-Auguste*, publié par M. L. Delisle, p. 528, sont consignés, sur les sources manuscrites de l'histoire du Bec, des renseignements que nous devons recueillir : « Vers 1778, l'auteur de l'*Histoire de la maison de Chambrai* signalait deux cartulaires de l'abbaye du Bec en écriture gothique, plus un très gros volume de chartes, assez mal conservé. Pendant la Révolution, les cartulaires du Bec furent abandonnés aux relieurs. Le plus ancien, copié vers 1275 ou 1280, formait un gros volume in-folio de plus de trois cent trente-six feuillets. Il y a une quinzaine d'années, M. Chassant en a recueilli trente-quatre feuillets sur des couvertures de registres administratifs. Plus récemment, M. l'abbé Lebeurier en a trouvé quarante-deux autres feuillets qui servaient à couvrir des registres du tribunal de Bernay. Tous ces fragments aujourd'hui rassemblés aux Archives de l'Eure fournissent le texte d'environ cent quatre-vingts chartes du XIe au XIIIe siècle ; mais ce n'est pas le quart de ce beau cartulaire.

« Beaucoup de chartes du Bec sont copiées ou analysées dans un ouvrage composé vers 1680, et intitulé : *Chronicon Beccense auctum et illustratum*. Le manuscrit original est dans le fonds Saint-Germain lat., 528. Il est fréquemment cité dans le glossaire de Ducange. Un grand nombre de chartes du Bec sont copiées ou analysées dans les Mémoires de Dom Jouvelin, Saint-Germain lat., 1076. »

On conserve à la Bibliothèque nationale, une collection de cent quarante-trois pièces originales du XIIe au XVe siècle, sous le

Depuis que les abbés n'étaient plus réguliers, mais commendataires, c'est-à-dire prélats, hommes d'État ou simplement grands seigneurs, ils s'étaient fait construire, ordinairement en dehors des lieux conventuels,

n° 245, C. du fonds des Cartulaires, ou plutôt d'après le nouveau classement, fonds lat. 9211.

Un certain nombre de chartes originales se trouvent également aux Archives de l'Eure.

Le Registre des délibérations de la municipalité du Bec nous a conservé le récit du « brûlement des titres féodaux ». « Ce jourd'huy vingt nivôse de l'an II de la République, nous nous sommes transportés à la ci-devant maison abbatiale où sont renfermés les titres, avons pris indistinctement tous les aveux, gages-pleiges anciens et nouveaux et autres titres de féodalité des fiefs et seigneuries de Neuville, Auton, Caumont, Maillot, Boscyves, Lamotte, Fourquette, Saint-Éloi, Bosrobert, Saint-Pierre et Saint-Denis du Bosguérard, Marbeuf, Saint-Aubin, Cesseville, Alliet, Theil-Nollent, la Mettayerie, Cerney, le Chesney, la Jouërie, les Piles, la Roussière, la Trinité, le Mesnil Josselin, Saint-Georges du Vièvre, l'Hotellier, Conteville, Hellenvilliers, ensemble tous les titres concernant les dixmes et autres droits supprimés, et après avoir mis le tout dans des sacs de toille que nous avions fait porter à cet effet, les avons fait charger sur une voiture attelée de deux chevaux et transporter sur la place du Marché; nous avons livré aux flammes les titres, gages-pleiges, aveux les uns après les autres, observant que nous avons compris dans iceux les aveux et titres de féodalité du cy-devant fief et prieuré de Nassandre. » Le maire qui présida à cette exécution sauvage fut le citoyen Pierre-Armand Fouquet, ci-devant receveur de la mense abbatiale, pour le compte de Mgr Yves de Marbeuf, dernier abbé du Bec. On ne fit grâce qu'aux plans et terriers de quelques fiefs, et aux titres des rentes foncières dues à la mense abbatiale. (Archives municipales du Bec-Hellouin.)

Les chartes, avec leurs sceaux pendants, furent apportées, au moment de la Révolution, au district de Bernay, où Aug. Le Prévost se souvenait de les avoir vues, encore tout enfant, étalées sur de longues tables. Tout cela fut bientôt dilapidé, brûlé, dé-

une demeure plus ou moins somptueuse, que l'on appelait *domus abbatialis*, la maison abbatiale. Celle du Bec était située à l'extrémité méridionale des bâtiments claustraux et formait, d'après la vue du *Monasticon Gallicanum*, un groupe de constructions élégantes. En

truit, et de la cire des sceaux on fit de la bougie verte. (Le Prévost, *Mémoires et Notes*. t. II, p. 233.)

Les armes de l'abbaye du Bec étaient : *de gueules semé de fleurs de lis d'argent.*

Le sceau parait avoir de tout temps représenté la Vierge tenant l'Enfant Jésus. Un sceau rond, appendu à une charte de 1221, figure la Vierge avec l'Enfant Jésus, assise sur un banc en forme de reliquaire, couronnée, voilée, nimbée d'un nimbe de perles, et tenant à la main droite un sceptre fleurdelisé. Elle est sous un ciel étoilé de cinq étoiles. Légende :

SIGILLVM : CONVENTVS : SANCTE MARIE DE BECCO.

Contre-sceau : buste d'homme de face, senestré d'une crosse, représentant Herluin. Légende :

† HERLVINVS PRIMVS ABBAS BECCI.

M. Loisel, antiquaire à la Rivière-Thibouville, possède le grand sceau-matrice en cuivre de 1563. Il est ogival et représente sous un dais la Vierge debout avec l'Enfant Jésus, et un abbé crossé et mitré. Légende :

Sigillu · conuentus · monasterii · beate · marie · de · becco · hellouyn · 1563.

Il existe, au Musée d'Antiquités de Rouen, un sceau-matrice en cuivre que M. Retel, professeur au collège de Bernay, avait dessiné en l'accompagnant d'une notice insérée dans le *Magasin pittoresque*, année 1850, p. 344. Après avoir décrit sommairement l'autel, le jubé, les pierres tombales de l'ancienne abbaye, il ajoutait : « Pendant que ces tombes et ces marbres étaient transportés à Bernay, dans la ferraille d'un fripier de la même ville était tombé le sceau de l'abbaye. Ce sceau dont nous don-

1732, la communauté passa avec l'abbé-comte de Clermont un contrat d'échange de l'ancien logis abbatial avec ses cours, jardins et dépendances, qu'avait occupé le duc de Brancas, aux conditions d'en édifier un nouveau conforme aux plans acceptés par l'abbé. Ces travaux furent achevés en 1735, et décharge fut donnée aux religieux par M. Porlier de Rubelles, conseiller au Parlement de Paris et porteur de la procuration du comte de Clermont. C'était une belle construction en pierres de taille qui se reliait aux bâtiments plus anciens du prétoire. Elle subsiste encore aujourd'hui (1).

La grande porte d'entrée avait été construite par Robert d'Évreux, qui fut abbé de 1484 à 1491 (2). Elle se composait de deux tourelles carrées à corniche feuillagée portant un comble très aigu en ardoises. La tour de

nons le dessin, est en cuivre et fort bien gravé pour l'époque à laquelle il remonte; il est de 1563, et représente, au milieu d'ornements ogivaux, la Vierge et l'Enfant Jésus, à laquelle semble parler Herluin, mitré et crossé, avec un livre ouvert dans la main gauche, peut-être la règle de saint Benoît; il est entouré de ces mots :

Sigillu · conuentus · monasterii · beate · marie · de · becco · helluyni 1363. »

Ce sceau est parfaitement identique à celui de 1563, mêmes personnages, mêmes ornements, même légende, sauf la date de 1363. Nous croyons que ce sceau n'est pas authentique, à cause des ornements qui sont évidemment du XVIe siècle et de la forme des chiffres arabes qui ne ressemblent en aucune manière à ceux en usage au XIVe siècle. Il a donc été fabriqué par un faussaire sur une empreinte de celui de 1563; mais à quelle époque et pour quel motif? C'est ce que nous ne saurions dire.

(1) *Mémoires pour servir*, etc.

(2) *Chron. Beccense*, col. 690.

droite servait de geôle publique, celle de gauche de logement au frère portier. Au-dessus de l'arcade surbaissée de la porte était une niche élégamment sculptée abritant une statue de Notre-Dame. Le cardinal de Boissy, qui tint la commende de l'abbaye de 1516 à 1519, y avait fait placer ses armes : *d'or à 3 jumelles de sable ;* elles s'aperçoivent encore aujourd'hui, quoique bien mutilées. A droite, dans un mur bâti en damier en retour d'équerre, s'ouvrait une entrée charretière, au-dessus de laquelle se voyait un B traversé en pal par une crosse. Dans le mur de gauche était la grande porte abbatiale, qui paraît dater du XVIIe siècle. Ces constructions variées forment un ensemble des plus pittoresques.

Signalons, en terminant ce chapitre, les travaux d'eau exécutés au XVIIe siècle. Les moines avaient depuis longtemps changé et encaissé en plusieurs endroits le cours de leur rivière, et conduit dans leur enclos, au moyen d'un aqueduc couvert de plus de 1,600 mètres, les eaux des fontaines situées sur le territoire de Saint-Martin-du-Parc (1). Ces eaux servaient non seulement aux besoins de la communauté, mais encore à l'embellissement des jardins. On a vu qu'en 1686, les moines avaient fait faire un bassin de pierre et un jet d'eau au milieu du parterre du cloître. Ils terminèrent la même année les canaux et les viviers qui entouraient la prairie, et firent planter le long de la muraille, du côté de la blanchisserie, de belles allées de charmilles.

(1) Il est parlé de ces aqueducs dans la *Chronique du Bec* dès le commencement du XIIIe siècle. Geoffroy d'Epaignes et Robert d'Évreux firent faire d'importantes réparations à ces conduites d'eau durant le XVe siècle. — *Chron. Beccense*, col. 660, 685, 690 et 769.

III.

VIE MONASTIQUE

La description détaillée que nous venons de donner de l'abbaye du Bec forme le cadre dans lequel apparaît, menant la vie de communauté, une quarantaine de religieux. Il reste à étudier cette organisation monastique que ce même dix-huitième siècle allait voir disparaître dans une révolution qui n'a pas eu son égale.

Un changement considérable s'était produit dans le régime des abbayes depuis l'introduction de la commende, « cette lèpre de l'ordre monastique, » comme l'appelle de Montalembert. Ce n'étaient plus les moines qui élisaient pour abbé un de leurs frères, le plus digne, ainsi qu'ils y avaient tout intérêt, c'était le pouvoir royal, qui ne voyant guère dans l'exercice de cette prérogative que des faveurs à répandre, accordait ce titre, ou plutôt le revenu qu'il comportait, à des ministres ambitieux, à des ecclésiastiques sans vocation, à des lettrés sans honneur. Et c'est ainsi que de nobles et grandes abbayes, qu'une auréole de pénitence et de charité environnait depuis des siècles, pouvaient devenir la proie d'un bâtard royal ou d'un courtisan perdu de dettes. Car les richesses monastiques, cet antique patrimoine des pauvres, passaient en grande partie, non pas comme on l'a dit, dans le coffre des moines, mais bien dans celui de l'abbé commendataire (1). Les monas-

(1) « Ce magnifique patrimoine de la foi et de la charité, créé et grossi par les siècles, expressément consacré par ses créa-

tères étaient ainsi privés de leur chef naturel, puisque le commendataire n'était tenu ni à la résidence, ni à l'observation de la règle. Cette opposition de vues et d'intérêts était la cause d'interminables procès entre les abbés et les communautés; celle du Bec en sut quelque chose.

On a dit que c'était le sort ordinaire des institutions humaines de périr par la faute de ceux qui commandent.

L'institut monastique, dans lequel l'élément humain et politique avait pénétré au delà de toute mesure, en fut un lamentable exemple. Quand la Révolution vint promener son niveau brutal sur les ordres religieux, elle jeta par terre un édifice déjà profondément ébranlé, et les coups les plus funestes qu'il avait reçus lui étaient venus du pouvoir royal et des parlements. Ces cours, en s'érigeant en tribunaux théologiques et en s'ingénant dans la question du jansénisme, entretenaient avec soin les divisions que cette agitation avait fait naître au sein des monastères. On tendait visiblement à ne faire des ordres religieux qu'un rouage, important sans doute, dans la machine de l'État, mais qu'il s'agissait de diriger dans le sens des idées parlementaires et gallicanes. L'opinion publique surexcitée par les écrits des encyclopédistes et des philosophes devenait elle-même peu sympathique aux moines. Sous ces diverses

teurs au maintien de la vie régulière et commune et au soulagement des pauvres, se trouva transformé en caisse fiscale, en dépendance du trésor royal, où la main des souverains puisait à volonté pour rassasier la rapacité de leurs courtisans, et comme on l'a dit, pour assouvir et asservir leur noblesse. » De Montalembert. *Les Moines d'Occident*, tome I, Introd., p. 181.

influences extérieures la vie religieuse ne pouvait que s'amoindrir de jour en jour (1).

(1) « Une nouvelle rédaction des *Constitutions Bénédictines* avait été unanimement approuvée dans le chapitre de 1769, ce qui pouvait faire espérer que la régularité serait mieux observée. Mais le mal avait jeté de trop profondes racines dans la Congrégation. L'esprit du siècle et des richesses, les exemples de quelques autres corps religieux, tout favorisait le relâchement. Dans plusieurs abbayes, les offices de nuit n'étaient plus suivis ; on se bornait en quelques lieux à les sonner. L'abstinence n'était plus observée. Le costume se rapprochait le plus possible de celui des prêtres séculiers. La dissipation, les repas, la fréquentation des gens du monde, les amusements frivoles remplaçaient les habitudes sérieuses et réservées. Des désordres éclatèrent même dans quelques monastères. A Saint-Laumer de Blois, le prieur abolit, de son autorité privée, toutes les observances monastiques, et le gouvernement dut intervenir pour faire cesser cette innovation hardie. Deux religieux de Saint-Benoît-sur-Loire furent enfermés pour violences exercées par eux sur leur prieur. Des lettres de M. Saint-Florentin constatent ces excès, qui faisaient gémir tous les gens religieux. » — Picot. *Mémoires pour servir à l'histoire ecclésiastique du* XVIII*e* *siècle*, tom. IV, p. 178. Ainsi que nous le faisons remarquer plus loin, l'abbaye du Bec n'a jamais eu à inscrire dans ses annales des faits de ce genre ; et tout en payant tribut à l'époque troublée qu'elle traversait, elle offrit, jusqu'à la Révolution, l'exemple d'une communauté laborieuse et régulière. — Sur la nouvelle rédaction des règles de la Congrégation de Saint-Maur, Cf. *Regula S. P. Benedicti* et *Constitutiones Congregationis sancti Mauri*. Paris, Guillaume Desprez, 1770, in-8.

Voici quelques renseignements sur la constitution et le fonctionnement de la Congrégation de Saint-Maur à laquelle l'abbaye du Bec avait été incorporée dès l'année 1626. Vers le milieu du XVIII*e* siècle, la Congrégation de Saint-Maur comprenait cent quatre-vingt-deux monastères, divisés en six provinces : France ou Paris, Normandie, Bourgogne, Toulouse, Bretagne et Chézal-Benoît. (Chézal-Benoît, célèbre abbaye du diocèse de Bourges, avait été pendant quelque temps le siège d'une Congrégation peu nombreuse, qui fut réunie en 1636 à celle de Saint-Maur.) Les officiers de la Congrégation de Saint-Maur étaient tous triennaux, même dans les monastères où les abbés

Des écrivains, et lesquels ! se sont posés en accusateurs des ordres religieux ; ils ont parlé bien haut du relâchement des cloîtres. Assurément il y eut de tristes défaillances ; mais on s'est plu par passion ou par intérêt à décrire complaisamment les résultats d'un mal dont on n'avait pas assez étudié les causes. Sans vouloir excuser ce que tout honnête homme doit être le premier à flétrir, nous demanderons à ces censeurs rigides de réfléchir sur les abus et les conséquences des commendes, et de nous dire si l'équité la plus vulgaire n'oblige pas à faire remonter plus haut les responsabilités, et à condamner comme bien plus coupable que les moines le pouvoir séculier, qui a, malgré eux, maintenu la commende et l'a mise la plupart du temps au service des intérêts les plus inavouables et des passions les plus indignes.

Ces quelques réflexions pourront expliquer, sinon justifier les signes précurseurs de décadence que nous aurons à signaler dans l'ordre monastique.

La communauté du Bec se composait, au commencement du XVIIIe siècle d'une quarantaine de religieux. Les principaux officiers étaient le prieur, le sous-prieur, le chantre, le procureur et le cellerier. Chaque religieux avait pour logement deux chambres au dortoir, l'une où était son lit, l'autre son vestiaire et sa bibliothèque particulière. L'emploi du temps était réglé avec

réguliers avaient été conservés. Le chapitre général se tenait tous les trois ans et plus ordinairement à l'abbaye de Marmoutier, près Tours. C'est là qu'était élu le supérieur général ; il devait résider à Saint-Germain-des-Prés, qui était comme le chef-lieu de la Congrégation ; elle était représentée à Rome par un religieux qui prenait le titre de procureur général. Cf. *Constitutiones pro directione Regiminis Congregationis sancti Mauri.* — S. l., M. DCC. XXXV.

précision jusque dans ses moindres détails. A deux heures de nuit, les religieux se levaient et descendaient au chœur pour chanter matines (1). En hiver, après cet office de nuit, on s'approchait pendant quelques instants d'un grand feu, et, au signal du prieur, chacun se retirait dans sa cellule. A cinq heures et demie, méditation au chœur ; à six heures, chant de prime et de tierce ; la communauté se rendait ensuite à la salle capitulaire, où on lisait le Martyrologe et un chapitre de la Règle de saint Benoît. A neuf heures, on chantait sexte, la grand'-messe et none. A onze heures, les religieux prenaient leur repas, durant lequel on faisait la lecture de l'Écriture sainte et d'un livre ascétique. A trois heures et demie, les moines chantaient vêpres ; à cinq heures et demie, ils allaient au réfectoire et entendaient encore une lecture pendant le souper, après lequel on restait en récréation jusqu'à sept heures. A sept heures, la communauté se rendait au chœur pour réciter complies ; et, après quelques instants de récollection, à sept heures trois quarts, les religieux se retiraient prendre leur repos (2). Tel était le règlement général, mais les moines pouvaient aisément, pendant certains exercices, obtenir dispense du prieur pour rester en cellule, à l'infirmerie où à la bibliothèque.

(1) Dans les monastères où se trouvaient plus de vingt-quatre religieux on chantait chaque jour l'office entier, sauf complies, qui était psalmodié.

(2) *Constitutiones Congregationis sancti Mauri.* Paris, 1770, *pass.* Le silence devait être principalement gardé dans l'église, le dortoir, le réfectoire, le chauffoir et le chapitre. Chaque semaine les religieux allaient une fois en promenade, au sortir du dîner jusqu'à l'heure de vêpres. Il leur était expressément défendu d'avoir des chiens, de jouer aux cartes ou aux dés, etc. *Id. passim.*

Il y avait, outre les religieux de chœur, les frères convers, chargés de la cuisine, de l'infirmerie, du vestiaire, etc. Les enfants de chœur étaient élevés, entretenus, instruits dans la maison (1), et plus tard, s'ils paraissaient intelligents, ils devenaient, par le soin des moines, organistes ou prêtres. Les pères et les frères lais prenaient en commun leur repas au réfectoire; le prieur présidait (2).

L'école du Bec, jadis si fameuse, ne jeta pas grand éclat au XVIIIe siècle ; elle compta néanmoins, parmi ses professeurs des religieux devenus célèbres dans l'ordre. Dans les dernières années du XVIIe siècle, dom René Massuet, l'éditeur de saint Irénée, le continuateur des Annales bénédictines, professa la philosophie au Bec, d'où il alla à Saint-Étienne de Caen régenter en théologie pendant trois années. Dom Bessin y enseigna également la philosophie et la théologie. Ce docte religieux revint, vers 1707, recueillir des documents pour son édition des conciles de Normandie (3). Vers 1720, on vit s'asseoir sur les bancs de l'école de théologie un jeune novice que ses talents précoces semblaient destiner à

(1) Pueros qui sacerdotibus missas celebrantibus assistunt sacrista catholicæ religionis principia edocebit; litteras quoque et infantilibus geniis optatas scientiarum lectiones et præcepta tradet. Invigilabit ut ubique modesti, ubique compositi sint, et decenti semper habitu, licet simplici, vestiantur— *Constitutiones Congregat. sancti Mauri*, p. 227.

(2) On conservait dans les viviers le poisson qui servait à la nourriture des religieux. On sait que les bénédictins de Saint-Maur observaient l'abstinence perpétuelle. Les infirmes qui obtenaient la permission de faire gras devaient manger dans un réfectoire séparé, appelé autrefois la Miséricorde.

(3) Lecerf de la Vieville. *Bibliothèque historique et critique des auteurs de la Congrégation de Saint-Maur*, p. 328 et 19.

une brillante carrière. Après avoir paru avec succès dans la chaire (1), il fut envoyé à Saint-Germain-des-Prés travailler au *Gallia Christiana*. Quelque temps après, le jeune religieux abandonnait la Congrégation de Saint-Maur et se retirait en Hollande. Celui qui s'appelait alors dom Le Prévost n'était autre que le futur abbé Prévost, l'auteur de *Manon Lescaut*.

Au nombre des religieux qui ont résidé au Bec, il faut citer dom François Toustain, qui, non content de suivre le programme déjà si vaste qu'imposait sa congrégation, apprit toutes les langues orientales et y joignit même l'anglais, l'italien, l'allemand et le hollandais ; il publia en collaboration avec dom Tassin le *Nouveau Traité de Diplomatique* (2) ; dom Dominique Fournier, qui composa pour son Ordre les offices de saint Anselme et de saint Denis (3) ; dom Bourget, l'historiographe de

(1) Il prêcha un carême à Évreux. *Biographie universelle*, tom. XXXVI, p. 65. La Matricule des religieux de la Congrégation de Saint-Maur (*Bibl. nat.*, ms. lat., 12796, fol. 66°-67) nous apprend que Antoine-François Le Prévost fit profession à Jumièges, à l'âge de 24 ans, le 9 novembre 1721.

(2) Dom Charles-François Toustain, né au Repos, diocèse de Séez, le 13 octobre. « De Bonne-Nouvelle, il alla demeurer au Bec, où il partagea son temps entre la prière et l'étude. Pendant les cinq ans qu'il demeura dans cette solitude, il composa un grand nombre d'écrits sur des questions de philosophie, de théologie et de morale. Il étudia la géométrie, l'algèbre, l'arithmétique. Il apprit la botanique dans ses heures de récréation et inspira le goût de cette science à plusieurs de ses confrères et à quelques laïques » *Histoire littéraire de la Congrégation de Saint-Maur*, p. 704.

(3) Dom Fournier naquit à Saint-Jean-le-Vieux, et mourut le 20 novembre 1737. — Lecerf de la Viéville. *Bibliothèque historique et critique*, p. 133.

l'abbaye (1) ; dom Jacques Fortet, qui continua de 1739 à 1747 l'*Histoire de la congrégation de Saint-Maur* commencée par dom Martène (2).

(1) Dom Bourget naquit à Baumais, près de Falaise, en 1724, fit profession à Saint-Martin de Sées, devint prieur de ce monastère, puis de Tiron ; enfin sous-prieur de Saint-Étienne de Caen ; après avoir résigné ses fonctions, il séjourna au Bec jusqu'en 1764, et revint mourir à Saint-Étienne de Caen, le 1er janvier 1716. Dom Bourget a laissé mss. des notices étendues sur les abbayes de Saint-Pierre de Jumièges, de Saint-Étienne et de la Sainte-Trinité de Caen, et une histoire particulière de l'abbaye du Bec. Ces mss. étaient tous écrits en français. Il présenta le dernier à Ducarel en 1764, et c'est probablement cet antiquaire qui a donné en anglais la traduction abrégée du travail de dom Bourget, imprimé à Londres, en 1779. Cf. Frère. *Manuel du Bibliogr. norm.*, tom. I, p. 140.

(2) Dom Fortet travailla après Dom Martène à une *Histoire de la Congrégation de Saint-Maur*, continuée par lui de 1739 jusqu'en 1747. 3 vol. in-fol. Ce manuscrit se conservait, à Saint-Germain-des-Prés, à la bibliothèque du Régime. Dom Fortet était né à Gien, diocèse d'Auxerre. Il composa, en outre, un *Histoire de l'abbaye de Saint-Pierre de Corbie*. (*Histoire littéraire de la Congrégation de Saint-Maur*, page 750.)

Un jeune religieux de l'abbaye de Saint-Taurin, Dom Jean Beaucousin, « était auteur des hymnes qu'on chantait dans l'abbaye du Bec en l'honneur de saint Anselme. » Ce sont probablement celles qui sont insérées dans le *Proprium locale* de l'abbaye, imprimé à Rouen, en 1766. Beaucousin publia encore cinq hymnes sous ce titre : *Divo Taurino apostolo Hymnos consecrat Domnus Joannes Beaucoussin, monachus Benedictinus regalis abbatiæ sancti Taurini Ebroicensis, è Congregatione sancti Mauri.* Ebroicis, apud Joannem Malassis, 1720. « M. Le Normant, dit Dom Tassin, approuva ces hymnes, en loua l'élégance et permit de les chanter dans son diocèse ; mais la critique qu'on en fit quelques années après les fit tomber. » *Histoire littéraire de la Congrégation de Saint-Maur*, p. 783.

Le Catalogue de la bibliothèque de M. le chanoine Colas indi-

On voit que les moines du Bec avaient conservé, bien qu'un peu amoindries, leurs traditions d'étude et de travail. La discipline et la régularité y étaient également en honneur. L'historien n'a point à enregistrer de ces scandales qui déshonorent parfois les annales monastiques. Rien ne faisait présager une décadence qui, à cette époque, avait atteint bon nombre de communautés. Toutefois un esprit observateur eût aperçu quelques symptômes d'une désorganisation qui se préparait sourdement. La paix du cloître était gravement troublée par les interminables querelles du jansénisme. Après avoir été, au XVIIe siècle, le privilège de quelques seigneurs de bel air, de quelques grands esprits comme Pascal, Arnauld, Nicole, le jansénisme, tenu en respect par la main ferme de Louis XIV, s'était empressé de profiter des facilités que lui avait données la Régence, et fort de l'appui des Parlements, il avait bientôt débordé sur toutes les classes de la société. Le jansénisme était devenu populaire. Cette hérésie, dont le résultat le plus clair était de soustraire les fidèles à l'obéissance due au Saint-Siège et de détruire la piété sous le prétexte de l'épurer, avait profondément troublé deux ordres religieux, les Oratoriens et les Bénédictins.

Il y avait, en 1727, dans le monastère de Saint-Ger-

quait, p. 28, n° 284 : « *Hymni sacri a fratre Rosset, presbytero et monacho benedictino e Congregatione sancti Mauri compositi*, in-4, veau br. Manuscrit provenant de l'abbaye du Bec. » Dom Joseph Rosset, né à Condessiat, près de Lyon, fut prieur de Notre-Dame de Breteuil, au diocèse de Beauvais. Il mourut le 28 août 1721, à Saint-Nicaise de Reims. Cf. Ulysse Robert, *Supplément à l'Histoire littéraire de la Congrégation de Saint-Maur*. Paris, 1881, in-8, p. 87.

main-des-Près une douzaine de religieux appelants (1). Ceux des Blancs-Manteaux l'étaient presque tous, et parmi ces partisans de Quesnel et de l'évêque de Senez on comptait d'illustres noms. De Paris, le mal avait gagné la province. Il n'était partout question que de l'appel au futur concile ; le silence respectueux n'était plus de mise et le cloître retentissait de disputes passionnées et sans fin. Une lettre de cachet venait bien de temps à autre exiler dans quelque monastère éloigné un appelant trop turbulent, mais le mal était fait, et dans presque toutes les abbayes il s'était formé un noyau de religieux qui soutenaient avec une opiniâtreté digne d'une meilleure cause les doctrines de l'*Augustinus* et des *Réflexions morales*. De là une division profonde, une lutte sourde et parfois ouverte entre les membres d'une même communauté, qui rendaient à peu près impraticables l'obéissance et la charité monastiques. Situation douloureuse pour les religieux dociles à l'enseignement de l'Église, obligés à la vie commune avec des confrères rejetant hautement la bulle de Clément IX, refusant de reconnaître pour leurs supérieurs canoniques ceux qui avaient été élus depuis le fameux chapitre de 1723, et multipliant appels, réappels, protestations que la gazette du parti et les avocats au Parlement ne manquaient pas de dénoncer au public pour grossir le scandale.

Voici un fait rapporté par les *Nouvelles ecclésiastiques* qui montre que l'on surveillait d'assez près les religieux du Bec. « Le Révérend Père procureur de

(1) On désignait sous ce nom ceux qui refusaient de se soumettre à la bulle *Unigenitus*, et appelaient du jugement du pape à celui d'un futur concile.

l'abbaye du Bec a été arrêté (novembre 1727) en sortant à cheval de la cour de l'abbaye de Saint-Ouen de Rouen, par des archers qui l'attendaient. Ils le conduisirent avec son valet chez le grand-prévôt. Le religieux demanda à cet officier de lui faire voir l'ordre en vertu duquel on l'arrêtait ; mais il ne lui fit voir qu'un ordre général d'arrêter des ecclésiastiques suspects à la cour. Il ajouta cependant qu'il en avait de plus secrets, et qu'il ne voulait pas les communiquer. On fouilla ce religieux et son valet jusque dans leurs bottes. On ne leur trouva ni imprimés ni manuscrits. Le grand prévôt fit audit religieux plusieurs questions ; entre autres, il lui demanda s'il n'avait point tenu de discours peu respectueux de son général. (1) ». Ce supérieur général était dom Pierre Thibault, qui s'appliquait avec zèle à faire accepter par les religieux de l'ordre la bulle *Unigenitus*. Or, à l'occasion de sa promotion au généralat, la communauté du Bec avait fait et signé une protestation à laquelle s'était joint un fougueux janséniste, dom Daret, ancien prieur de Saint-Quentin, alors en résidence au Bec (2). Ce religieux, appelant incorrigible, successive-

(1) *Nouvelles ecclésiastiques*, 1728, p. 4. Les *Nouvelles ecclésiastiques* étaient une feuille hebdomadaire qui s'imprimait clandestinement et était destinée à la défense du jansénisme. Elle fut longtemps rédigée par l'abbé Fontaine de la Roche, et dura de 1728 à 1793. Quoique entaché d'hérésie et de partialité, ce recueil offre néanmoins les matériaux les plus précieux pour l'histoire ecclésiastique du XVIIIe siècle ; les événements y sont rapportés avec précision, et l'on y rencontre de nombreuses pièces officielles, que l'on trouverait très difficilement réunies ailleurs.

(2) Dom Daret, dont l'éloge et la vie se trouvent dans les *Appelans célèbres*, p. 122, 131, prit part aux travaux de dom Mabillon. Jean Daret, né à Mantes, fit profession de foi à l'âge

ment exilé à Lessay, au mont Saint-Michel, à Conches, revint mourir au Bec (1730). Le prieur dom Bonaventure Aubert, refusa de lui donner lui-même les derniers sacrements et le fit administrer par le sous-prieur. Dom Daret voulut que l'on mît dans sa tombe ses divers appels de la bulle *Unigenitus*. Il avait été témoin dans la même abbaye d'une semblable parodie donnée par l'un de ses confrères, dom Guillaume Leclerc (1). Un autre bénédictin, qui avait professé avec éclat la théologie à Caen, à Dijon et à Reims, dom François Letellier, était venu se retirer au Bec, où demeurait déjà son frère,

de vingt ans, à Saint-Faron de Meaux, le 12 juillet 1687, il mourut au Bec, le 3 janvier 1736. Cf. *Histoire littéraire de la Congrégation de Saint-Maur*, p. 524.

Le 14 décembre 1725 était mort au Bec un autre religieux appelant, dom Guillaume Brétennet. Il était prieur de Saint-Jean de Laon en 1722, lorsque M. de Saint-Albin y publia son mandement d'acceptation et l'envoya aux communautés de son diocèse. Dom Brétennet protesta contre ce mandement à la tête de sa communauté, par un acte capitulaire qu'il notifia au prélat. Il fut exilé de ce fait, au mont Saint-Michel, d'où une lettre de cachet l'envoya à l'abbaye du Bec, en septembre 1723. *Histoire de la Constitution* Unigenitus. Sans lieu, 1738, in-12, tome II, page 148.

(1) *Nouvelles ecclésiastiques*, 1736, p. 48. Ce dom Guillaume Le Clerc, que nous voyons figurer dans un acte capitulaire du Bec du 2 mai 1725, est probablement le même qui fut employé, par dom de Montfaucon, à la rédaction du catalogue de la bibliothèque de M. de Coislin, évêque de Metz, imprimé en 1715, sous le titre de *Bibliotheca Coisliana*. « Etant aussi occupé que je le suis, je n'aurois pas fini ce catalogue de long tems, et comme j'avois besoin d'un homme habile et d'un puissant secours, pour engager dom Guillaume Le Clerc, religieux de cette maison (Saint-Germain-des-Près), fort entendu dans le grec, à m'aider avec assiduité, j'ay pris son frère pour travailler à ce qu'il y a de moins important, mais qui ne laisse pas d'être nécessaire

qui mourut en 1741 (1). Mais en 1742, l'état de sa santé l'obligea à aller résider à Saint-Étienne de Caen. Avant son départ, il eut soin de laisser à l'un de ses amis l'étrange pièce qu'on va lire et qui montre à quel point les esprits les plus distingués de l'ordre étaient entichés du jansénisme : « Je soussigné, religieux de l'ordre de Saint-Benoît, congrégation de Saint-Maur, prêtre et ancien professeur de théologie, donne procuration au Révérend Père....., de souscrire en mon nom tous les actes qui se feront dans la suite contre la signature pure et simple du formulaire d'Alexandre VII et la bulle *Unigenitus*. Fait en l'abbaye du Bec, ce

pour la perfection de l'ouvrage, et avec le secours de dom Guillaume, qui y travaille avec beaucoup d'affection, nous finirons dans un an ce que je n'aurois pu faire en deux. » *Lettre de dom Bernard de Montfaucon à M. de Coislin, évêque de Metz.* Archives des *Missions scientifiques*, t. VI, p. 316.

(1) Dom François Letellier était né aux Andelys, paroisse Notre-Dame, non pas en 1669, comme l'a dit l'auteur de l'*Histoire littéraire de la Congrégation de Saint-Maur*, p. 621, mais en 1670 ainsi que le prouve son acte de baptême, dont copie nous a été obligeamment donnée par M. Letailleur, secrétaire de la mairie des Andelys. Il fut baptisé le 22 février. Il mourut à Caen, le 4 février 1743. L'état civil de son frère est plus difficile à établir. On vient de voir qu'il était religieux et qu'il mourut au Bec, en 1741 ; mais quel était son prénom ? Ne serait-il pas cet André Letellier que l'on voit figurer dans un acte capitulaire du Bec du 2 mai 1725 ? Mais André Letellier ne se retrouve pas dans les registres de la paroisse Notre-Dame des Andelys. On a prétendu que ce frère s'appelait Robert. On voit, en effet, à la date du 23 juillet 1672, un Robert Letellier, né, comme François, d'un Nicolas Letellier, mais le nom de la mère est différent, et rien dans les registres des décès et des mariages ne vient établir que Nicolas, père de François, se soit remarié. On trouvera sans doute quelque jour le mot de cette énigme.

5 août 1742. Signé : Frère François Letellier. M. B. (1). »

Quelques années plus tard, l'abbaye du Bec eut l'honneur de donner, dans la personne de dom Boudier son prieur, un supérieur général à la congrégation de Saint-Maur. Il fut élu dans le chapitre tenu à Saint-Germain-des-Prés au mois de novembre 1766 (2).

(1) *Nouvelles ecclésiastiques*, 1743, p. 160. L'abbaye du Bec fut pendant quelques années le lieu d'exil d'un janséniste dont les opinions firent quelque bruit, M. Roslin, docteur en Sorbonne et catéchiste à Saint-Jacques-du-Haut-Pas. Un rapport qu'il fit au nom de sa compagnie contre une instruction pastorale de M. Languet de Gergy, alors évêque de Soissons, le fit reléguer à Tulle. Ayant continué à propager ses doctrines, il fut envoyé à Jumièges, puis au mont Saint-Michel, d'où le duc de Brancas le fit transférer au Bec, où lui-même vivait en solitaire. Quand le duc retourna à Paris, en 1731, il y fit également rappeler M. Roslin. Ce janséniste y mourut le 14 septembre 1742. Les *Nouvelles ecclésiastiques* ne manquèrent pas de consacrer à ce coryphée du parti un article fort élogieux et qui provoqua un petit écrit de huit pages, adressé par la poste de Hollande à une multitude de personnes en place, sous ce titre : *Lettre du R. P***, bénédictin de l'abbaye du Bec, à M. l'abbé de B.***, au sujet de la F.(euille) des NN. Ecclésiastiques du 30 juin 1743*, et d'un nouvel écrit des *Mélangistes*.

Dans cet imprimé, dont le titre était supposé, les *Nouvelles* étaient accusées « de s'être à regret prêtées à l'éloge d'un homme aussi recommandable par sa piété et ses bonnes œuvres, que l'étoit feu Monsieur Roslin le docteur. » *Nouvelles ecclésiastiques*, 1743, 93, 94, 166.

(2) Dom Pierre-François Boudier, né à Valognes, fit ses études à l'Université de Caen ; puis il alla au noviciat de l'abbaye de Jumièges, où il fit profession à l'âge de dix-huit ans, le 29 juillet 1722. Dom Tassin nous apprend qu'il est l'auteur d'une *Histoire manuscrite du monastère de Saint-Vigor de Bayeux*, et de Mémoires insérés dans les additions du tome X du *Grand Dictionnaire* de Moréri. — *Histoire littéraire de la Congrégation de Saint-Maur*, p. 469. — Dans un recueil factice, intitulé : *Mémoire*

Le XVIIIe siècle vit renaître un débat depuis longtemps soulevé, parfois assoupi, mais qui n'avait pas encore reçu de solution définitive : c'était le droit de visite que prétendaient exercer sur l'abbaye les archevêques de Rouen. Les exemptions des monastères, leurs officialités, leur droit de patronage étaient à cette époque, dans le monde religieux, ce que les fiefs et les justices féodales avaient été au moyen âge dans la sphère politique. Au XIIe et au XIIIe siècle, les évêques ne parurent pas

pour et contre les 6 abbayes (il s'agissait de la mise en commende des abbayes de Chézal-Benoît), provenant de la célèbre bibliothèque du Bec, dont il porte l'ex-libris, et actuellement en notre possession, nous avons trouvé, copiées par un religieux sur l'une des gardes, les deux lettres suivantes, adressées à Dom Boudier, autrefois abbé régulier de Saint-Martin de Séez, au sujet de l'arrêt qui mettait à la nomination du roi les abbayes de Chézal-Benoît. Nous les reproduisons car elles sont curieuses.

« Lettre de Monseigneur Paul d'Albert de Luynes, cardinal archevêque de Sens, à dom Boudier, prieur de l'abbaye du Bec, au sujet de la perte du procès des six abbayes régulières. Son Eminence semble blâmer le party qu'ont pris les supérieurs de le soutenir contre l'avis qu'elle leur avait donné.

A Sens, le 19 septembre 1764.

« Je reçois, mon cher prieur, de vos nouvelles avec une vraye satisfaction. Votre trop long silence m'avoit fait craindre que vous ne m'assiez oublié. Il est certain que vous avez perdu le procez concernant vos abbayes, à quoy je m'attendais, et cette perte pourra vous mener beaucoup plus loin. J'avois fort conseillé à vôtre Régime de ne point plaider, dans les circonstances présentes, et de présenter simplement au Roy les remontrances les plus respectueuses à ce sujet. Ils ne m'ont pas crû. Vos pères se sont réjoüis de la destruction des Jésuites, ainsi que plusieurs autres ordres religieux. Je leur ai dit qu'ils ne sçavoient ce qu'ils faisoient et que s'ils ne pleuroient pas sur le sort des Jésuites, ils pleureroient peut-être bientôt sur le leur ; je n'ai été

s'inquiéter de cette situation conforme à celle de l'ordre social; mais quand ils virent le pouvoir monarchique renverser les derniers débris du pouvoir féodal et concentrer en lui seul toutes les forces de la nation, ils son-

que trop prophète. Comptez toujours, mon tres cher prieur, sur une sincère et véritable amitié pour vous.

« Signé : Le cardinal de LUYNES.

« Toute cette lettre est écrite de la propre main de Son Éminence. »

« Extrait d'une lettre de Monseigneur de Lombes au même Dom Boudier, où il luy parle du procès des six abbayes.

« Du 20 février 1764,

« Ou plutôt 1765; ç'a été une faute d'attention.

« C'est toujours avec un nouveau plaisir, mon cher prieur, que je reçois les nouvelles preuves de votre tendre amitié; je suis également sensible aux vœux obligeans qu'elle vous inspire pour moy dans ce renouvellement d'année. Je n'en fais pas de moins sincères et de moins étendus pour votre satisfaction. La mienne seroit plus grande, mon cher prieur, si j'étais à portée de vous voir plus souvent et de m'entretenir avec vous. J'ai vu dans le temps avec beaucoup de peine votre ancienne abbaye de Sées mise en commende, ainsi que les autres qu'on vous a enlevées par la même voye; il paroit qu'on est plus que jamais dans le goût des innovations, et les suites en sont fort à craindre. Vous avez dû vous féliciter que cela ne soit point arrivé pendant que vous en étiez abbé, j'en aurois été aussi plus fâché à cause de vous, et je pense bien qu'aimant votre ordre comme tous les bons religieux, ce coup vous auroit été tres sensible.

« J'ai l'honneur d'être, avec un attachement respectueux, mon tres cher prieur, votre tres humble et tres obéissant serviteur.

« † JACQUES, évêque de Lombes.

« Toute cette lettre est écrite de la propre main de ce digne prélat, qui a toujours honoré nôtre Congrégation d'une bienveillance particulière. »

gèrent aussi à faire prévaloir leur autorité sur les lieux où elle était contestée. Alors on examina scrupuleusement l'origine des exemptions, souvent fort obscure, et l'exercice en fut restreint. L'évêque soumit à la visite de son archidiacre les églises dont les abbés commendataires négligeaient l'entretien. Le clergé régulier, celui des paroisses qui relevaient d'un prieuré ou d'une abbaye furent justiciables de l'officialité diocésaine. On comprend que cette réforme ne s'opéra pas sans de vives résistances de la part des communautés depuis longtemps en possession de leurs privilèges. A Fécamp, la lutte s'engagea avec M. Rouxel de Medavy, archevêque de Rouen, et son coadjuteur (1). A Saint-Étienne de Caen, M. de Nesmond, vieillard octogénaire, revendiqua énergiquement son droit de visite et d'officialité (2).

Au Bec, le conflit prit naissance en 1691 (3). L'archevêque de Rouen avait suspendu à sa calende du mois de juillet de cette année le curé de Saint-André du Bec, sous prétexte que la collation à la cure n'avait pas eu son visa. Le prieur commit immédiatement un religieux pour remplir les fonctions pastorales; mais la veille de Noël, au moment même de commencer l'office de la

(1) Leroux de Lincy. *Essai sur l'abbaye de Fécamp*, p. 569.

(2) Hippeau. *L'Abbaye de Saint-Étienne de Caen*, p. 286. — Laffetay. *Histoire du diocèse de Bayeux*, tom. I, p. 124.

(3) Toutefois, dès 1684, un conflit s'était élevé. Lorsque monseigneur Nicolas Colbert, abbé du Bec et coadjuteur de l'archevêque de Rouen, fit, le 27 octobre, « son entrée publique à l'abbaye et la visite de l'église paroissiale, » la communauté lui fit signifier le 4 novembre suivant, par le ministère de Mes Charles Porée et Nicolas Chéron, notaires à Pont-Audemer pour le siège de Pont-Auton, qu'elle protestait de nullité contre ces actes de juridiction. — Archives de la Seine-Inférieure, G. 1,308.

nuit, un prêtre se présenta muni d'une commission de l'archevêché. Pour éviter le scandale, on le laissa officier. Mais quelques jours après, dom Charles Aubourg, « prieur du Bec, official et archidiacre ordinaire du lieu », fit signifier au prêtre de cesser ses fonctions; et le religieux par lui désigné put reprendre son service paroissial. Le 13 janvier 1692, le même prêtre reparut avec nouvelle commission, signée cette fois de la main de l'archevêque, qui s'y prévalait de son titre d'abbé du Bec, prétendant qu'il lui donnait droit de commettre un prêtre pour desservir ladite église. Le prieur fit dresser opposition par voie d'huissier; car de son côté il se disait « grand vicaire, official, archidiacre-né non des archevêques, qui ont cédé leurs droits, mais de l'abbaye » ; l'archevêque était considéré par lui comme métropolitain, mais non comme diocésain ordinaire. Le prieur alla trouver Mg. Colbert, mais ne crut pas cependant devoir soutenir à fond les prétentions de son abbaye, et pour éviter un conflit scandaleux et uniquement « par tolérance », il consentit à ce que le prêtre commis par l'archevêque desservît la paroisse Saint-André du Bec, ajoutant que l'archevêque ne devait regarder cette affaire que comme un effet du respect sincère des religieux pour lui. Quelques jours après, sur la demande même du prieur, qui semble avoir été un homme assez accommodant, l'archevêque fit interroger le religieux-curé commis précédemment par le prieur, et lui donna collation de la cure du Bec « de plein droit, à raison, disaient les lettres, de sa dignité d'archevêque de Rouen et d'abbé du Bec, et avec réserve expresse du droit de déport (1). »

(1) Les moyens et les preuves de l'exemption des religieux se

L'attitude que prenait Mgr Colbert portait une grave atteinte à l'exemption des religieux. Ils prétendaient en effet : 1° que, de temps immémorial, le prieur exerçait en première instance les droits d'officialité sur les prêtres, clercs et habitants de la paroisse de Saint-André du Bec,

trouvent longuement exposés dans le factum suivant : *Exposition sommaire de l'exemption de l'abbaye du Bec-Hellouin et de la juridiction ecclésiastique et ordinaire qui appartient aux religieux d'icelle sur la paroisse, curé et paroissiens dudit lieu*. Redigée par ordre, en 1692, par dom Massuet. — Archives de la Seine-Inférieure, G. 1,398. A la fin de ce mémoire, on lit une lettre du même religieux, adressée au prieur du Bec, relative à la pénitence publique et à l'absolution des cas réservés. Elle se termine ainsi :

« J'ai communiqué cette lettre à dom Mabillon, qui l'approuve dans toutes ses parties et se trouve du même avis que moy. Il croit comme moy, que les cas que les archevêques de Rouen des derniers siècles se sont réservés ne peuvent regarder que les personnes soumises à leur juridiction immédiate, et nullement les prêtres du Bec, que leurs prédécesseurs en avaient affranchis, pour ce qui regardoit l'administration de la pénitence dans la parroisse qu'ils leurs ont soumise. Dom Mabillon croit cependant que vostre privilège vous estant donné pour la seule parroisse du Bec, vous avez bien pouvoir à la vérité d'absoudre les fidèles de cette parroisse de leurs cas réservés, mais non pas ceux des autres parroisses du diocèse qui ne sont point soumises à votre juridiction. A cela je ne réponds rien. Cette différence ne vous est pas particulière. Elle regarde les exemptions de Fescamp, Caen, Corbie, etc., autant que la vôtre. Elle regarde même tous les confesseurs qui se trouvent sur les confins d'un diocèse (c'est encore le cas où vous vous trouvez), et dans les lieux de perelinage, qui confessent bien des personnes qui ne sont pas du diocèse du confesseur ; vous sçavez ce qui s'observe la dessus, ce que M. de Sainte-Beuve et les meilleurs autheurs en pensent. Voilà, M. R. P., tout ce que je puis mander à V. R. sur la question qu'elle me propose. Je n'ay consulté personne de dehors, parce que je n'en connois point qui soient versés dans

sauf appel à l'official de Rouen; 2° qu'à l'exclusion de l'archidiacre de Rouen, il faisait la visite de l'église et recevait les comptes des trésoriers; 3° qu'il possédait le droit de déport après le décès du vicaire perpétuel et donnait la collation à celui que l'abbé présentait à la cure; qu'il accordait dispense de bans; 4° enfin, que le prieur nommait et approuvait les religieux pour entendre les confessions dans l'église de l'abbaye et dans la paroisse.

Les religieux redoutant sans doute le crédit considérable dont jouissait à la cour l'archevêque de Rouen, ne poussèrent pas pour le moment l'affaire plus loin; mais le 19 juillet 1717, Mgr Claude Maur d'Aubigné étant venu pour faire la visite canonique de l'église paroissiale, la communauté, représentée par son procureur, fit dresser par-devant notaire une protestation qui fut remise à l'archevêque le jour même, dès huit heures du matin; il y était dit : « qu'au cas que contre plusieurs remontrances également fortes et respectueuses, il semble faire la visite de l'église paroissiale dudit lieu, qu'ils prétendent exempte, ils entendent s'opposer formellement......, comme à un attentat fait aux droits et privilèges de cette église et abbaye, fondés sur la concession de Guillaume en son temps archevêque de Rouen......; déclarent que leur abbé, le comte de Clermont, n'étant nommé que depuis deux ou trois jours, n'a pu ni savoir ni empêcher ladite entreprise du

ces matières icy. L'érudition de nos Sorbonistes d'aujourd'hui est fort mince.

« A Paris, le 25e aoust 1705.

« F. R. Massuet, M. B. »

Malgré cette consultation, si favorable à leur cause, les Bénédictins devaient perdre leur procès.

seigneur archevêque; et ils protestent de nullité contre tout ce qui pourrait être tenté (1)». L'archevêque passa outre et fit la visite, puis il vint à l'église de l'abbaye mais n'y fit aucun acte de juridiction.

En 1720, sous Mgr de Bezons, de nouvelles difficultés se présentèrent; mais, pour éviter une procédure « qui deviendrait de conséquence », l'archevêque consentit à s'en rapporter à la décision de messieurs du conseil de son Altesse Sérénissime Mgr le comte de Clermont, au sujet des droits de leur officialité, déport, visite etc., pourvu que de son côté la communauté voulût se soumettre à leur décision. Les religieux, au nombre de trente-deux, capitulairement assemblés le 2 mai 1725, sous la présidence du prieur dom Joseph Le Paulmier, acceptèrent l'arbitrage et promirent de s'y soumettre « comme à un arrêt de cour souveraine (2) ».

Comme on devait s'y attendre, l'affaire fut définitivement jugée en faveur de l'archevêque de Rouen, qui était alors Mgr de Tressan.

Une vingtaine d'années plus tard, on voit les religieux se plaindre que M. l'abbé Terrisse, grand archidiacre de Rouen, ait fait faire, en 1742, la visite de l'église paroissiale par le doyen de Bourgtheroulde; mais ces réclamations n'avaient même plus d'écho. Dans un mémoire rédigé vers cette époque par l'abbé Terrisse lui-même, on n'opposait même plus aux prétentions des religieux des preuves de droit, et le grand archidiacre se sentait assez maître de la position pour dire de ses adversaires, avec un dédain assez peu contenu: « Les

(1) Arch. de la Seine-Inférieure, G. 1,308.

(2) Extrait du registre des délibérations capitulaires du Bec. Archives de la Seine-Inférieure, G. 1,308.

prieurs du Bec ont varié sur le titre qu'ils prenaient ; les uns se qualifiaient officiaux, ou juges ordinaires de l'exemption du Bec, et en cette qualité ils exerçaient toute la juridiction épiscopale sur la paroisse ; d'autres ont pris la qualité d'archidiacres du Bec, ce qui ne dénoterait qu'une juridiction subordonnée ; enfin quelques-uns ont cru qu'ils étaient officiers et vicaires généraux-nés des archevêques. Quand M. d'Aubigny fit sa visite, le prieur lui dit qu'il était son official et son grand vicaire ; il fit néanmoins la visite et lui défendit de prendre à l'avenir une qualité qu'il ne lui avait pas conférée ; et depuis ce temps les prieurs du Bec, après avoir perdu la jouissance de leur prétendu privilège, ont perdu jusqu'aux titres qui pouvaient encore en conserver quelques vestiges (1).

(1) *Défense de la juridiction de Mgr l'archevêque de Rouen, sur l'église et paroisse de Saint-André du Bec* (par l'abbé Terrisse.) — Arch. de la Seine-Inférieure, G. 1,309.

La dernière pièce importante que renferme la liasse 1,309 sur cet interminable conflit, est une réponse de Mgr l'archevêque de Rouen au Mémoire des religieux du Bec. Ce factum, rédigé le 24 février 1744, par l'abbé Cornet, secrétaire de Mgr de Saulx Tavannes, montre que les Bénédictins se soumettaient malaisément au droit de l'archevêque : il peut se résumer ainsi :

Mgr d'Aubigné, successeur de M. Colbert, fit la visite de l'église du Bec au mois de juillet 1718, et pendant tout son épiscopat il a exercé une pleine juridiction sur la paroisse.

M. de Bezons se pourvut auprès du conseil du comte de Clermont où l'affaire fut définitivement décidée en faveur de l'archevêque de Rouen.

Avec une possession aussi constante de la part des archevêques, on peut s'étonner que les religieux du Bec portent encore aujourd'hui des plaintes au conseil de Son Altesse, où l'affaire a été discutée et terminée il y a vingt-quatre ans.

Au fond, l'archevêque a pour lui le droit commun, et sans exa-

On sait que le Bec-Hellouin était une des abbayes les plus opulentes de l'ordre de Saint-Benoît. Un adage populaire qui caractérisait les principales abbayes normandes disait :

> Saint-Ouen le noble, Jumièges l'aumônier,
> Le Bec le riche. . . . .

ce que venait confirmer cet autre dicton bien connu :

> De quelque part que le vent vente,
> L'abbaye du Bec a rente (1) ;

ses propriétés étaient immenses, tant en Normandie que dans l'Ile-de-France (2). Lorsque la Révolution éclata, elle possédait un revenu de 140,000 livres (3).

miner si les religieux du Bec ont eu une exemption, il suffit à l'archevêque de Rouen de prouver qu'ils n'ont plus la possession, et ce défaut de possession, suivant les canonistes, suffit pour anéantir la possession la mieux établie.

(1) Guilmeth. *Histoire de Brionne et les autres lieux circonvoisins*, p. 36, reproduit ce dicton avec une variante :

> De tel côté que le vent vente
> A l'abbé du Bec on fait rente.

En Bourgogne on disait aussi :

> En tout pays où le vent vente
> L'abbaye de Cluny a rente.

Lorain. *Histoire de l'abbaye de Cluny*, p. 227.

(2) Il y avait à Thierville une ferme qu'on appelait les *Cent acres*. Plusieurs granges monumentales que l'on voit encore à Theil-Nolent, à Bonneville-sur-le-Bec, peuvent donner une idée de ces exploitations agricoles si florissantes et qui étaient la source à peu près unique de tant de richesses.

(3) Le chiffre des revenus a été singulièrement exagéré par

Les revenus monastiques étaient généralement divisés en trois parts. L'abbé touchait un tiers exempt de toutes charges, le second devait être par lui affecté aux grosses réparations, à l'entretien du fonds de l'aumônerie, à l'acquit des fondations, etc.; les religieux touchaient le dernier tiers, mais avec quelques restrictions toujours avantageuses pour l'abbé. Pour se soustraire aux réparations et aux charges qui leur incombaient, les abbés commendataires cédaient quelquefois aux religieux le tiers sujet à ces charges, moyennant une pension fixe. C'est ce système qui fut adopté au Bec dès le XVIIe siècle. En 1651, Mgr Dominique de Vic, archevêque d'Auch, transigea avec les religieux moyennant une pension de 11,000 livres; les revenus s'élevaient alors à 85,000 livres. Son successeur, l'abbé Colbert, dans une transaction passée en 1665, consentit à ce que cette pension fût réduite à 8,000 livres. En 1710, l'abbé Roger de la Rochefoucauld réclama 13,000 livres, puis rabattit ses prétentions aux 8,000 livres d'usage. Mais la communauté demanda un nouveau partage des biens. Il s'ensuivit un procès opiniâtre qui dura plus de trois ans et coûta aux parties des sommes considérables. Un arrêt du conseil d'État du roi de 1713 supprima la pension de 8,000 livres à cause du nouveau partage intervenu. L'abbé cédait à la communauté les biens de sa

Guilmeth et les auteurs de la *Normandie illustrée*, qui l'ont porté, nous ignorons pourquoi, à 700,000 livres. Dans le *Compte du revenu de la mense conventuelle de l'abbaye de Notre-Dame du Bec, tant pour l'année* 1790 *à laquelle on n'a pas touché que pour les arrérages*, on trouve au total la somme de 92,396 livres. Les arrérages figurent pour 23,583 livres. A la mense conventuelle, il faut ajouter la pension de 48,000 livres que l'on faisait à l'abbé. (Arch. de l'Eure. — Domaines nationaux.)

mense moyennant une rente annuelle de 48,000 livres, les religieux demeuraient chargés des réparations et de l'entretien de l'église, des bâtiments conventuels, des prieurés, fermes et maisons dépendants du monastère. Cette situation prouve mieux que tous les raisonnements que les commendataires ne voyaient dans leurs bénéfices que de riches sinécures à exploiter le plus avantageusement possible. Quant à la prospérité morale de leurs communautés, on ne voit pas qu'ils y aient beaucoup songé.

L'abbé de la Rochefoucauld, qui n'eut d'ecclésiastique que la tonsure, s'occupait peu de son abbaye du Bec, où il ne vint jamais. Pendant la guerre du Saint-Empire contre les Turcs qui envahissaient la Hongrie, il prit du service avec quelques jeunes seigneurs français dans l'armée du prince Eugène. Roger de la Rochefoucauld mourut à Bude, le 17 juin 1717. Il n'était âgé que de trente ans (1).

Son successeur fut un prince du sang, Louis de Bourbon-Condé, né le 15 juin 1709. Le roi le nomma au mois de juillet 1717; il avait à peine neuf ans (2). On

(1) « On apprit que l'abbé de La Rochefoucauld est mort à Bude en Hongrie, d'une fièvre maligne et de dyssenterie. Le pape lui avait permis de porter les armes contre les infidèles, et de conserver les bénéfices dont il jouissait pour soixante mille livres de rente. » — J. Buvat. *Journal de la Régence*, tom. I, p. 285.

(2) Dom Bénnier dit qu'il y fut nommé le 16 novembre 1717. Un acte notarié fait au nom de la communauté, daté du 19 juillet 1717, dit cependant que cette nomination aurait été faite le 16 ou 17 du même mois. — Archives de la Seine-Inférieure, G. 1,268.

Les revenus du jeune commendataire avaient quelques destinations assez curieuses. « Il y a plusieurs pensions sur l'abbaye du Bec, savoir : 2,000 l. pour M. Auteuil, écuyer de M. le duc ;

le tonsura pour la circonstance, et il reçut le titre de comte de Clermont. Étrange personnage pour un abbé ! Soldat d'un courage téméraire, il se montra mauvais général quand la retraite du maréchal de Richelieu, en 1758, l'eût placé à la tête de l'armée de Hanovre. Il avait été tout à la fois nommé abbé de Saint-Claude, de Noirmoutiers et de Saint-Germain-des-Prés. Ses mœurs étaient honteusement décriées, et les religieux placés sous son obédience devaient tenir en singulière estime un tel supérieur. « Il est abbé, disait Barbier dans son curieux Journal, et jouit de plus de 300,000 livres de bénéfices ; il est cependant en habits brodés et galonnés avec une bourse à ses cheveux, et de plus est lieutenant-général des armées du roi, à la vérité avec dispense et permission du pape (1). » Le comte de Clermont devint, en 1743, grand-maître des francs-maçons de France, en remplacement du duc d'Antin, qui avait été nommé en 1738 (2). Au mois de décembre 1753, il entra à l'Académie française pour succéder à M. de Boze (3).

1,200 l. pour M. l'abbé de Boursac ; 1,500 l. pour M. l'abbé de Fortis ; 2,000 l. pour M. l'abbé Guyon, précepteur de M. le comte de Clermont, et 600 l. pour un page tonsuré. Dom Beaunier, *Recueil des évêchés*, etc., tom. II, p. 679.

(1) Barbier. *Journal*, tom. III, p. 69. — Cf. *Le comte de Clermont, sa cour et ses maîtresses*, par J. Cousin. Paris, 1867, 2 vol. in-12.

(2) Cette singulière fonction exercée par l'abbé-prince du sang expliquerait peut-être l'existence, dans les dernières années du XVIIIe siècle, d'une loge maçonnique au Bec, particularité qui fut signalée, il y a une trentaine d'années à M. l'abbé Caresme, par un vieillard qui avait passé son enfance au milieu des religieux. Nous devons dire que nous n'avons rencontré aucune trace de l'existence de cette loge maçonnique dans les documents que nous avons pu consulter jusqu'ici.

(3) Il eut pour concurrent Bougainville, le traducteur de l'Anti-

L'abbé du Bec ne parut qu'une fois au milieu des quarante. Il mourut le 16 juin 1771 (1).

Lucrèce. Sainte-Beuve a raconté, d'une façon charmante, l'entrée du prince au milieu des immortels. « Nommé le 1er décembre 1753, il n'était pas encore reçu au mois de mars 1754, et les réceptions alors suivaient de plus près les nominations qu'aujourd'hui. Le mardi 26 mars, qui était un jour d'académie, il résolut d'y arriver incognito et de surpendre l'assemblée. Il arrive au vieux Louvre, nous dit M. de Luynes, sans être attendu, et il entre dans une salle sans savoir où il était; il reconnaît que c'est l'Académie des sciences; il sort au plus tôt, et arrive à l'Académie française; il prend place auprès de l'abbé Alary. Le directeur, qui est M. de Saint-Aignan, n'y était point. Collé, qui nous complète, dit que Mirabaud présidait ce jour-là; il tenait du moins le bureau en qualité de secrétaire perpétuel. A la vue du soudain confrère qui faisait son apparition, il ne quitta pas le fauteuil pour le lui donner. Le prince, tout timide qu'il était, et aussi incapable de parler en public qu'un Nicole ou qu'un La Rochefoucauld, fit cependant, de sa place, un petit compliment à l'assistance, se félicitant d'être entré dans une compagnie si savante, où il trouverait des conseils et des exemples. Il dit encore, en recevant son jeton de présence comme les autres membres présents, qu'il s'en tenait si honoré, qu'il aurait envie de le faire percer pour le porter à sa boutonnière; il ajouta que ce serait sa croix de Saint-Louis d'académicien, et autres agréables fadaises. Enfin il paya ses confrères, un peu désappointés, de la meilleure monnaie qu'il put. On eut de sa bouche, de l'égalité tant qu'on en voulut à huis clos. Il avait escamoté sa réception. Mais il avait manqué, après l'avoir recherchée, cette bonne fortune unique et cette occasion de « popularité littéraire ». Hors ce seul jour, il ne parut plus à l'Académie. » — Sainte-Beuve. *Le comte de Clermont et sa cour*, pag. 46.

(1) A sa mort, l'abbaye fut mise en économat jusqu'en 1782, et confiée à M. Marchal de Sainscey, en sa qualité d'économe général du clergé. Le dernier abbé du Bec fut Mgr Yves-Alexandre de Marbeuf, évêque d'Autun, puis archevêque de Lyon (1782-1790.)

Le XVIIIe siècle nous fait assister, dans la plupart des monastères, à des fêtes, à des réceptions mondaines dont on aurait été fort étonné dans des âges plus rigides. C'est là, on peut le dire, un signe du temps. Au moyen de ces incursions du monde dans le cloître, l'esprit religieux tendra à s'amoindrir, le moine prêtera une oreille moins fermée à la rumeur philosophique qui déjà agite une société prête à s'écrouler sous ses propres fautes. Mais rappelons-nous qu'un La Rochefoucauld, qu'un comte de Clermont est abbé du Bec, et que l'hospitalité fastueuse des prieurs attire à l'abbaye des hôtes considérables. La porte demeure grande ouverte pour laisser passer les lourds carrosses de ces bruyantes compagnies; car on vient au Bec non pour s'édifier des vertus des religieux, mais pour se distraire, comme à un but de promenade. Tantôt c'est un personnage important de la province qui vient avec sa suite visiter l'église, ses sculptures, son riche mobilier; tantôt c'est l'archevêque de Rouen qui fait à quelque seigneur de marque les honneurs de la grande abbaye, dont on vante au loin les élégants parterres, les constructions splendides.

C'est ainsi que, le 17 octobre 1717, l'intendant de Rouen, M. Prosper Goujon de Gasville, baron de Châteauneuf, vint au Bec, accompagné de sa femme, de M. Jubert de la Bastide de Châteaumorant, abbé de Corneville, et de M. le grand archidiacre d'Évreux. Les habitants de la bourgade se mirent sous les armes et allèrent à sa rencontre à la porte du Parc. Le prieur et les religieux le reçurent au son de l'orgue et des cloches. Un somptueux dîner fut donné dans la salle des hôtes, mais « madame l'intendante fut servie en poisson chez le bailli de l'abbaye ». Le 21 octobre 1742, M. de

Saulx-Tavannes, archevêque de Rouen, arriva au monastère. Le maréchal d'Harcourt l'accompagnait avec son fils aîné Henri, comte de Lillebonne, et sa sœur, la marquise de Mailloc (1). Ils furent reçus à la porte de l'abbaye par le prieur et les religieux, et salués par les imposantes volées de grosses cloches. Après que l'archevêque eut visité, avec sa compagnie, l'église et la sacristie, on lui servit à dîner, mais ce fut dans le logis abbatial, « à cause des dames. »

Quelquefois l'archevêque de Rouen venait donner la confirmation. Le 26 août 1742, ce fut l'évêque de Séez, Mgr Louis Néel de Cristot, qui vint, à la prière de l'archevêque. Le 27 et le 28, le prélat dit la messe au grand autel et donna la confirmation à quelques jeunes religieux dans le chœur, puis aux fidèles que les curés des paroisses voisines avaient placés dans la chapelle de la Sainte-Vierge et le pourtour du chœur. Mgr de Saulx-Tavannes vint en personne le 8 juin 1748. Suivant le désir qu'il avait exprimé, on le reçut cette fois sans cérémonie. Il descendit à la porte du monastère et l'on sonna seulement les grosses cloches. Le prélat était accompagné de l'abbé Terrisse, son grand vicaire, et de M. de Marcouville, chanoine de la métropole. Le lendemain, il entra au chœur pendant que les religieux faisaient la procession dans le cloître, et après avoir assisté à la grand'messe, il donna la confirmation dans la chapelle de la Sainte-Vierge, ce qu'il continua après le dîner. Il partit vers cinq heures pour aller coucher au château de Brumare, chez le marquis de Cany (2).

(1) Claude-Lydie d'Harcourt, sœur du maréchal, veuve à vingt-huit ans de Gabriel-René de Créqui, marquis de Mailloc, qui mourut le 15 octobre 1724, à soixante-dix-huit ans.

(2) *Mémoires pour servir*, etc. Louis Bec-de-Lièvre, marquis de

La naissance du Dauphin, le 4 octobre 1729, qui fut le signal de réjouissances et de *Te Deum* par toute la France, fut fêtée à l'abbaye avec un éclat extraordinaire. Le récit que nous en ont conservé les *Mémoires* est un véritable petit tableau de genre. On illumina la grande tour Saint-Nicolas, le portail de l'église et la façade principale de la maison. Le duc de Brancas fit aussi brillamment illuminer son logis et son parterre. Les officiers de justice, les vassaux de l'abbaye qui habitaient le voisinage assistèrent, en armes, au feu de joie qui fut allumé dans la cour extérieure par le prieur en chape et le duc de Brancas, ainsi qu'au *Te Deum* qui fut chanté au son des cloches, au bruit du canon, des boîtes à feu et de toute la mousqueterie. A la fin de la cérémonie, le prieur jeta de l'argent au peuple, et l'on traita à la salle des hôtes les officiers de justice et les amis. Quant aux vassaux qui étaient venus avec leurs fusils et auxquels on avait abondamment fourni de la poudre, ils furent régalés sous le cloître avec de la viande, du cidre et du vin (1).

On a représenté les populations des campagnes comme exaspérées contre les moines au moment de la Révo-

Cany, frère du président au parlement de Rouen. Le château de Brumare était situé à Brestot (Eure).

(1) *Mémoires pour servir*, etc. Louis-Antoine duc de Brancas-Villars, né le 12 août 1682, pair de France en 1716, chevalier des ordres du roi et de celui de Saint-Janvier, s'était retiré à l'abbaye du Bec pour y finir ses jour dans les exercices de la piété chrétienne. Il en sortit néanmoins en 1721, et mourut en son hôtel, le 29 février 1760. Pendant son séjour au Bec, il occupait le logis abbatial. Voir ci-dessus, page 54.

Dans la volumineuse compilation composée de 1714 à 1741, par Daniel Saint, oratorien de Caen, et qui est aujourd'hui conservée à la Bibliothèque de Vire, on trouve à la page 366 du

lution. Assurément, il y a de tristes pages à enregistrer. L'exercice parfois trop rigoureux de droits et de privilèges seigneuriaux avait surtout suscité des haines qu'il ne fut alors que trop aisé d'assouvir. Toutefois, on ne voit rien de semblable au Bec, où la population témoigna de tout temps aux religieux une sympathie qui ne se démentit pas même au moment où ils durent quitter leur demeure. Au sein d'une population rurale, une abbaye avec son nombreux personnel, ses vastes exploitations agricoles, était une véritable providence. On y occupait toute une colonie de jardiniers, de menuisiers, de tailleurs, de charretiers, de gardes-moulins, de batteurs en grange. Le travail était assuré pour les ouvriers du pays, l'aumône était largement répandue, si largement même que le Grand Conseil du roi dut y mettre ordre par l'arrêt du 17 février 1770 concernant la distribution de l'aumône qui se faisait, un jour de chaque semaine, depuis la Chandeleur jusqu'à la Saint-Jean-Baptiste. Pendant des siècles, les habitants du Bec avaient pu vérifier la justesse de l'adage ancien : « Il fait bon vivre sous la crosse (1). »

tome XXV : *Une lettre de M. le duc de Brancas, solitaire retiré au Bec, adressée au prince de Monaco, sur la mort subite de M. le duc Régent.*

(1) Il n'était pas jusqu'aux malades pauvres de la contrée qui ne trouvassent des secours abondants à l'*apotiquairerie* du monastère, où un religieux leur donnait gratuitement les soins et les médicaments. Le dernier religieux qui fut chargé de l'apotiquairerie s'appelait dom Julien Benoist, né le 14 avril 1753, à Savigny (diocèse d'Avranches). Après la suppression des ordres religieux, il demeura au Bec, où il exerça la profession de pharmacien. Il mourut le 25 juin 1850, à l'âge de quatre-vingt-dix-sept ans.

Nous possédons une vieille formule pharmaceutique, pour la

Nous arrivons à la fin du XVIIIe siècle, à cette année fameuse de 1789 au seuil de laquelle nous voulons nous arrêter. L'étude que nous venons de faire a montré ce qu'était une grande abbaye du temps passé, son organisation, ses travaux, son milieu, ses relations. Il est impossible, en considérant ce rameau encore vigoureux du tronc séculaire de l'arbre bénédictin, de ne pas reporter sa pensée vers la congrégation de Saint-Maur à laquelle le Bec dut ses derniers jours de prospérité, vers cette société dont les membres se sont appelés d'Achery, Mabillon, de Sainte-Marthe, Massuet, Martène, Ruinart, Montfaucon, Lobineau, Clément, Tassin, Lenoir. S'il est vrai qu'une institution est d'autant plus grande et digne de respect que ses services sont plus réels et son influence plus durable, on peut affirmer hautement que la congrégation de Saint-Maur a bien mérité de la France (1). Il s'est trouvé des hommes qui ont cru spirituel de demander à quoi servaient les moines, de quelle utilité ils pouvaient être à la société. Leurs œuvres sont là qui répondent victorieusement à ces ineptes calomnies. Le flot envahissant du temps et du progrès qui a englouti tant de productions de l'esprit humain, a respecté les travaux des bénédictins dont l'érudition vaste et solide est en quelque sorte symbolisée par le majestueux format qu'ils aimaient à

confection d'un onguent, connu sous le nom d'*Onguent de l'abbaye du Bec*, et qui était encore, au commencement de ce siècle, fort en vogue contre les plaies, navrures et autres maux de ce genre.

(1) Sur les travaux et la correspondance littéraire des Bénédictins de Saint-Maur, Cf. *Rapport adressé au ministre de l'instruction publique*, par Alphonse Dantier. *Archives des Missions scientifiques*, 1857, tom. VI, p. 241-306.

donner à leurs œuvres. Ce fut de la cellule des religieux de Saint-Maur que sortirent les magistrales éditions de saint Bernard, de saint Augustin, de saint Grégoire, de saint Jérôme, de saint Anselme, de saint Jean Chrysostome, les *Annales de l'ordre de saint Benoît*, le *Nouveau traité de diplomatique*, l'*Art de vérifier les dates*, *la Gaule chrétienne*, *l'Antiquité expliquée*, le *Recueil des historiens*, l'*Histoire littéraire de la France*. Ce sont là quelques-uns des états de services de ces moines auxquels la science moderne elle-même a rendu hommage, puisqu'elle n'a pas cru mieux faire que de s'inspirer de leur méthode et de continuer leurs traditions. Honneur donc à ces savants généreux, à ces lettrés aimables, à ces érudits patients et sagaces, dont les immortels travaux ont si puissamment contribué à ouvrir à l'histoire la voie vraiment scientifique dans laquelle notre siècle l'aura fait définitivement entrée.

IMPRIMERIE PAUL BOUSREZ, RUE DE LUCÉ, 5, TOURS.

www.ingramcontent.com/pod-product-compliance
Ingram Content Group UK Ltd.
Pitfield, Milton Keynes, MK11 3LW, UK
UKHW021225230726
13926UKWH00003B/1240

9 782016 144664